「3か月」の使い方で
人生は変わる

〔日〕佐佐木大辅 著

陈广琪 译

谷歌时间管理课

3个月跃迁高效能人士

中国出版集团　现代出版社

"想做的事情不少，可就是没时间啊！"

"总是被'功课作业'缠着放不开手脚！"

抱着类似烦恼的人恐怕不少吧？本书将"时间管理"列为主题的初衷在于，为时间选择上受到"两难选择"或"难解课题"等困扰的人介绍我的经历。即使只是少数个案，若能为大家解开些许疑惑，也不枉费我这番举动。

对于开篇提到的两种烦恼，我认为想要做发自内心想做的事情，唯有**"挣脱日常疲于应付'必做的工作'的现状"**，而且**"应该先尝试创造时间"**。

可能有读者会觉得这个回答不过是正确的废话，

然而这确实是我的真心话（好像听到有人急着反对说："不是吧，正是因为没法挤出时间来才头疼……"还是请少安毋躁，多往下看几页吧）。

这个想法源自我在谷歌公司工作的亲身经历。

那时，我一边在谷歌工作，一边利用工作之余的时间开发"云会计软件 freee"，之后更借此创立了自己的公司。

无论是为谷歌工作还是开发"云会计软件 freee"，我所使用的都是相同的时间单位，即被称为"季度"或"3 个月周期"。这在日本公司被称为"1/4 年度"，即"3 个月"。"3 个月"是本书最大的要点，具体说明详见正文。

今天，"云会计软件 freee"的分享次数在日本独占鳌头，这个软件本身对我的"时间管理"理论有着极大的影响。

当今社会受时间的限制，人们往往会对问题采取拖延战术。这样一来，应该有许多亟待解决的问题一直遥遥无期。那时我就感觉到：当下最值得探索的未解难题就是如何提高公司里财务等辅助部门的工作效率。

我的本意是通过云会计软件的助力，可以使人员从那些又麻烦又沉重的辅助工作中解放出来，将时间用在那些效率低下但让人充满干劲的创造性活动上。

freee公司中活跃着众多技术人员，据说每个人的生产效率千差万别，甚至差距高达百倍以上，对时间的掌控是造成这个差异的最大原因。我认为：这个观点不仅适用于技术人员，**在商业生产效率方面，"时间管理"是否得当所带来的效益差距同样显著**。

不过，无论在哪个时代，时间亘古不变地每天流走24小时。在此前提下，我们必须常常考虑"如何有效使用时间"，换句话说，就是该"如何创造时间"来将一切精力集中于自己想做的事情上，而且为了创造出时间"应该如何排定优先顺序"。

所谓优先顺序，也就意味着必须决定"目前放弃什么"或者"彻底舍弃什么"，这样一来答案就显而易见了。这种选择行为用一句话概括就是：决定不做哪些事情。

做事情如果没有优先顺序的意识，往往会浑浑噩噩地产生"各种事情一团糟，根本做不好"的念头。这是绝对要避免的，应当自主决定工作的优先顺序，掌控自己的进度，同时不要忘记留出缓冲时间或放松自我的时间。

千万避免在不知不觉间成为时间的奴隶，或者被时间裹挟进而失去自主能力。对此，要经常反思"目前的时间管理是否正确"。

在 freee 公司内部，同事之间会以"时间管理"为主题，互相比对日程安排表并常常展开讨论，大家会就"有没有更好的时间管理方法"这一话题踊跃发言。

对我个人而言，自 2008 年加入谷歌之后，对"时间"认识的深度进入了新的层次。

加入谷歌以前，我一直把"实现工作效率化，提高工作处理速度才能挤出时间"这一观点奉为圭臬。这种思路是以日本经济高度成长期所产生的"完成越多的工作，取得越多的成果"价值观为基础的。

那时由于时间宝贵，我甚至养成了边走路边看书的习惯，这也是源自上面提到的思路。这并非受象征勤奋刻苦的著名铜像二宫金次郎影响，只是单纯想做到效率最大化而已。

可是，接触到在谷歌共同奋斗的同行，以及世界范围内不同人的工作方式之后，我对"时间"的认知产生了变化。例如，其中一个就是"做得越多未必能获得越多的成果"，这种观点的影响极其深远，彻底颠覆了当初"处理的工作量越大，就会收获相应的成果，也就能收获相应的幸福"的旧观念。

不仅仅是谷歌，我所遇见的被称为"商业精英"的群体在工作上做出辉煌成绩，却未必超时工作。他们都很注重私人时间和家庭时间，对人生体验的满意度也比常人更高。

而且，不单单是谷歌一家企业，全球的主流观点也并非"工作时间越长越好"，而是在**如何有效利用时间，实现商业成长**这一方面进行提升。

"时间使用方法"的内容，应该包括"时间策略"以及"时间规划"。提到二者的含义，读者也许会认为本书的主要内容是讲述在最短时间内完成工作的技巧。

不过，**我认为："时间策略"与"时间规划"的最终结果是将通过效率化所创造的时间与精力运用到无法效率化的工作上。**

进入人工智能时代之后，能效率化的工作将逐步交由人工智能完成。所以说，结果一目了然，人类在未来将把时间投入"无法效率化"的重要领域中。

诸如"企业文化"这样的领域，并非在公司草创阶段就能具备雏形。"我们公司应该将这样的价值观奉为圭臬"之类的共识，需要公司全体人员长期同甘共苦之后才能产生。这不是一个单纯的想法，而是共同经历过失败与成功，在漫长的岁月中积淀而成。

还有更贴近生活的就是"人与人之间的信赖关系"，也需要在时间长河中逐步成形。此外，还有阅读书籍、与家人共同生活、为一些事物感动落泪、放松心情的时间等，它们都属于无法进行效率化的范畴。

通过效率化创造出时间，将这些时间投入"无法效率化的事物"上，在现实生活中给我的人生带来诸多创新。无论是工作还是生活，对我而言，与时间的"长度"相比，更值得注重的是"质量"与"满足度"吧。

结果，越来越多的人对我说："您应该很忙才对啊，居然还能挤出时间来。""没想到您还有余力学习新知识。""怎么会有这么多时间做其他事情啊？"这些也许才是我最值得向旁人炫耀的成绩吧。

　　在决定挑战"云会计软件 freee"的关键时刻，一个意外事件推动我向前迈出了最后一步。

　　当时还在谷歌工作的 Instagram 创始人凯文·赛斯特罗姆（Kevin Systrom）曾经这样说过："虽然我不是技术专家，但仅凭着编程也能成功创业。"听到这句话不由得想道："我也能行吧！"这就是促使我向前迈出关键一步的催化剂。

　　正如当初我迈出创业的第一步，哪怕这本书所讲述的一件小事能促使读者也迈出人生的"第一步"，对于我来说都是无比开心的结果。

佐佐木大辅

2018 年 6 月

| 目录 |

谷歌时间管理课：3个月跃迁高效能人士

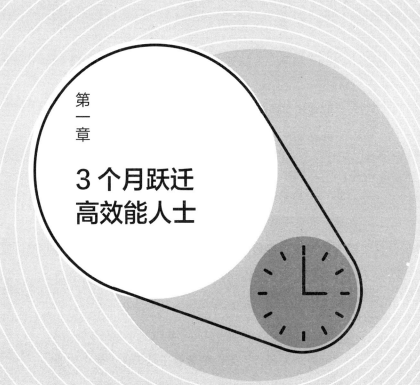

第一章

3 个月跃迁
高效能人士

"3个月"集中解决一个课题

掌握相应的事物就会带来相应的改变。

我认为,能够感觉到变化一定需要经过"3个月"这一时间跨度。3个月也许不会令事业产生变化,3个月也许不会令公司经营发生变革。但是,**站在人生节点这一高度来看,3个月会令人在思考方式、成功经验等方面感觉到明显的变化。**全身心投入工作3个月可能会成为佼佼者,3个月会令人获得极大的自信并开启新的人生道路。

就我个人而言,无论是学业还是工作,个人创业准备以及在启动涉及改变人生的课题时,总是以"3个月"这一期限作为时间节点。

这种经验最初可以上溯到小学时代,那时我就读的是家附近的公立小学。我的母校是东京都台东区教育方式最生动有趣的学校。

因此,外地的不少家长都把孩子送过来读书。进入五年级后，放学后能一起玩的朋友越来越少，因为同学们都为备战中考参加了各种课外补习班。

受此影响，我也求父母报名参加了一个辅导班，其实真正的目的是能和朋友们一起玩，尤其是课间休息时间能和大家一起打扑克，令人开心不已。

后来，补习班根据每个学生的学习进度再次细分成几个小班，这下就出了问题，那几个扑克牌玩伴都编入了快班。

这样一来，当初参加补习班的目的就落空了，我非常失望。并非不想加入快班，而是我的算术和汉字水平太差，想跟上玩伴们的进度需要掌握的东西就太多了，根本不知道该怎么办。就在这个时候，一个小伙伴建议"有本参考书挺管用"。如同快淹死的人拼命捞稻草一般，只能死马当活马医了。

于是，我给自己定下了这样的目标："3个月内把这本参考书吃透，就算不理解也要死记硬背下来。"

拼命学习的结果，不仅追上了当初的扑克牌玩伴们，为了找扑克牌高手过招居然一路追赶进了难度最高的快班。到最后，居然考上了竞争最激烈的重点中学——开成中学。到今天我还记得周围的人都在议论说："怎么可能，佐佐木家的孩子居然考上了！"这也成为我第一次取得巨大胜利的经历。

在以后的日子里，无论是学生时代还是参加工作，我多次遇到并把握住集中精力突击"3个月"改变自己人生轨迹的机会。到今天回想起来才发现，那时就已经在积极实践"3个月"法则了。

"3个月"这种时间跨度对我来说，也许是能够保持全身心投入一个课题的极限吧。换句话说，每天一直做相同的事情最多只能持续3个月，这也许是我天生的"三分钟热度"这种性格缺陷在作祟。否则，就会因为厌倦而无法坚持下去。要是把周期定为"半年"或"一年"的话，这就有点长了，让人觉得不得不放弃掉很多东西。但是，**"3个月"换算成天数也就是90天，这个期限能让人保持"坚持下去"的强烈欲望，又能让人体会到工作的乐趣，因而是不长也不短刚刚好。**一想到也就是3个月而已，也容易激励自己坚持到期满为止。

因此，我认为，"3个月"对于一个计划周期来说也许感觉有些悠长，但是到结束时回顾梳理就会觉得并不那么漫长。

以 3 个月为周期将全部精力集中在一个课题上，往往可以从中发现工作的乐趣、提升知识与理解事物的深度，从而切实体会到自身的成长或者是其他无法直观地体会到的事物，但是总会达成某种成果。如此这般，历经 3 个月的累积之后，就可以体会到成功的滋味。

　　"3 个月"是产生质变的最小时间单位。

"3 个月"投入全部精力，才可能体验成功

在 3 个月内瞄准单一课题。

还有一点就是要敢于尝试面对大多数人未曾切实解决的问题。只有挑战这样的课题，未来获取的成果才会愈加丰盛，这是我到今天为止的亲身体会。

大学时代，我曾经在 3 个月内将精力集中于一个课题之上，从而切身体会过创造出"对大众有益的成果"那种印象深刻的乐趣。那时作为一名实习生，在风投企业 Interscope（现名 Macro mill）开发新系统时所经历的一切成了今天的原点。

这家公司计划通过在网上发布调查问卷的方式，汇总分析消费者的行为模式，最终搭建起消费者行为预测平台。我对这种工作思路颇有共鸣之处，几乎当成了自己的毕生事业。

计划虽然容易，但实际操作起来才发现情况比预想的要麻烦，尤其是为了收集、整理符合要求的数据，

就必须人工将调查问卷的数据输入统计表中。这个工作量绝对不轻松，有时为了输入某些数据甚至要花上一整天，但是全体同人只是默默地动手将数据一个一个输入电脑。

大约持续一周之后，我就开始感觉这种工作与当初的期待天差地别，更何况我最讨厌这种枯燥的重复性工作，再加上因为工作失误遭到训斥，一气之下不由得对社长吼道："无法忍受这种工作了，我要辞职！"

对此，社长答道："你的心情可以理解。既然这么讨厌这种工作，那就试试看能不能找到代替人工输入数据的方法吧。"原本是提交辞呈的，不料反而被社长安排了一个新任务。

其实在我的内心深处也曾经考虑过"这种输入数据的工作为什么不利用软件进行自动化输入呢"，所以在回家的路上，我买了一些与编程及统计表宏功能相关的书籍开始阅读。

到家之后试着编了几个小程序后觉得，"认真搞下去，肯定能弄出些名堂来"。

第二天，我再次找到社长说："我想把这些人工业全部改为自动化作业。但是有个条件，接下来 3 个月别用其他事情来打扰我。"应该是因为提出过辞呈的缘故吧，此刻的我突然变得格外强势。

在接下来的 3 个月中，开头的几周是在学习其他几种编程语言，经过几次失败后总算开始进入状态，拿出了一个基本上满足数据统计分析的方案并进行后期修改，最终在 3 个月期满的时候实现了作业自动化（当然真实情况没有说起来这么轻松）。

有了新的方法，原先需要花一整天的重复性手工作业只要 20—30 分钟就可以完成，节约下来的时间可以用于数据分析。

公司里原本进行纯手动数据录入的人员就多达几十名，如今大家的工作方式出现了巨大的变化。将精力集中于原本没人想得到的课题上并加以解决，我第一次深深地体会到"我也能为公司做点贡献"这种心情。

读者们平时经常的娱乐主要有运动或音乐之类选项吧，我认为很多事物认真尝试 3 个月就会达到一定的高度；而且，世上仍有很多课题还没有人想到要集中精力花 3 个月去解决它们。

所以说，**必须有人投入全部精力，拿出 3 个月的时间去挑战这些亟待解决的课题。**唯有如此，才有可能催生令世人瞩目的成果，而且，本人也能获得前所未有的成就感，甚至在不知不觉间自己的人生轨迹也发生了巨大的变化。

投入 3 个月，

挑战"至今未被世人认真挑战过的课题"。

谷歌的"3个月周期"

3个月必出成果。

在谷歌工作期间，所有的同人都以这个周期为前提展开工作。因为谷歌是根据每个季度进行严格的工作进度管理，3个月内无法交出成果的人将会逐步被课题组遗忘，这已经成了谷歌内部不成文的规则。

事实上，无论是工作规划还是人事，往往每3个月就会出现变动。如果拿不出成绩，即使被通知预算被砍光也毫不意外。更有甚者，3个月后公司方针发生变化，自己所属的课题组被撤销都不意外。某些习惯于"按部就班地展开工作"的人受不了这种变化而不得不离开谷歌。

我至今还记得，首次接触到谷歌的"3个月周期"文化时受到了极大的冲击，就像看到某广告公司只用3个月就把一个刚大学毕业的菜鸟培训成拥有2年半经验的熟手那般。

在谷歌工作期间，我主要负责的是面向中小企业的营销工作。有一次我直接找上司说："预算不给到这个数，无法开展工作。"不料，上司很干脆地甩过来远远高于我所预期的预算金额说："别小气呀！"坦白地说，最令人吃惊的是，想要彻底花光上司给出的金额还真需要好好动动脑子才行。

谷歌营销团队流行这样一种文化："只要能在更多国家或地区顺利开展工作，无论什么办法都可以尝试，而且要抢在其他公司前面着手。一旦有结果，就要在公司内部与同事们分享。"这种文化被称为"偷师与分享（steal & share）"。

我随大流而动，而且预算充足，只要觉得可行的方法、对策全都快速导入进行尝试。就这样最大限度地花掉预算，不停地尝试其他地区的营销成功案例，在 3 个月之内就能看到结果的例子数不胜数。

"这个对策如果在这里强化一下绝对能行"，抱着这种心态工作，一口气可以获得众多新线索。其他公司往往受预算的制约，只能决定好优先顺序，依次进行可行性尝试。而谷歌内部从未为预算发愁，多个对策可以齐头并进、多点开花。这是一种很难用语言表达的感觉——我在短时间内就培养了分辨并预估哪种对策可行、哪种对策难度大的灵敏嗅觉。

多亏了这种嗅觉，在其他公司估计至少要 1 年半才能出结果，而在谷歌只要 3 个月就能看到成绩（当然，不懈努力是必不可少的）。

但是谷歌的工作不会止步于此，公司还要求将有效的对策横向展开，积极向同事们宣传成功经验。也就是说，分管不同地区的职员要到其他国家和地区去，向那里的同事展示自己经过尝试获得的成功经验："这种办法很好用，你们也试试看吧。"

在谷歌的工作中"个人信用"决定一切，一个人的信用度越高，资金和人员也会如影随形般地越聚越多。因此大家都会向他人展示自己的成功经验获得好评，而不是藏着掖着。在谷歌越是得到同伴的信赖越容易开展工作，这种良性循环也是我从中获得的宝贵经验之一。

再加上同事们采用自己推荐的对策方法并获得成功时，往往会评价说"他说的全是真的"。这样一来，自己在公司里的信用度就会提高，工作起来也更得心应手。我在谷歌每时每刻都能感觉到通过"3个月周期"获取成果，然后带动其他人一起工作这种方式所蕴含的强大能量。

在周围同事心目中的信用度直接影响3个月周期所获得的成果，而且当前周期的成果也会影响下一个"3个月周期"的成果。

每3个月必须连续不断地拿出实打实的成果！虽说谷歌的"3个月周期"是种极其严酷的要求，但和时间赛跑的感觉十分有趣，自身也能感觉到自己在飞速成长。对我来说，这是一段令人欲罢不能、连续不断迎接新挑战的工作经历。

每3个月必须拿出新成果。

开发"freee"的关键节点也是 3 个月

目前在日本市场份额中独占鳌头的是"云会计软件 freee",在开发中的关键节点也是 3 个月。

我在谷歌工作期间,之所以会想到开发"云会计软件 freee",源自"为所有在小企业奋斗的人提供创新性服务"这一思路。

我在 2008 年加入谷歌时,主要负责面向日本中小企业市场营销业务,其后担任亚洲地区执行官。在此期间,对日本中小企业的技术导入与网络运用的落后问题抱有强烈的危机意识。日本的主要课题是云端服务利用率极低,而且与其他国家相比创业率也非常落后。

在长期关注这些问题之后,我心中不由得产生了"应当利用新技术向中小企业经营者提供支持"这一想法,越这样想就越觉得应当马上行动起来。

之所以关注各种电脑技术当中的会计软件板块,是因为我在加入谷歌前曾经在专门为营销提供支持服务的风投公司 Albert 有过类似经验。

就在我担任该公司的财务总监（CFO）期间，财务部门工作人员必须人工输入每天工作现场产生的大量请款单、收据之类的票据内容，工作量之大令人生畏。进入谷歌之后依旧难以忘怀会计工作效率化这一课题，最终有了开发以云端服务为基础的自动会计软件的构思。

所以说"云会计软件 freee"服务是我对多年来既有的危机意识以及实际操作问题从本质上给出的"答案"，而这个"答案"的关键在于如何尽快将其从构思变成现实。

首先，我计划利用第一个"3个月"首次尝试构建初版软件，为此特地重新学了编程知识。由于工作时间要处理谷歌的业务，学习编程知识只能利用早晨6点起床之后到通勤的两个小时，还有就是下班后的下午6点到半夜1点这个时间段。

那段日子里我每天只睡4个小时，也没有困意，就像沉迷于电脑游戏的中小学生一般，有时候学习得忘记了时间，甚至没发现早已过了半夜1点。先不说赶不赶得出进度，可能更要担心拼过了头，身体承受不住。

　　经过 3 个月的拼搏迈出了第一步，也就是奠定了"freee"这个软件的框架。另外还有个收获就是"要是没人帮忙，自己说不定也能做出来"这样的自信。

　　获得"不管怎样，就算自己一个人也能做个可运行的程序"这样的自信是极其重要的。因为我确信，首先，不做事情而去管理监督别人做软件似乎不符合自己的性格；其次，我认为，遇到问题时的重中之重是自己必须知道它的严重性。

　　更重要的一点是开发成本问题。如果只使用"自己"这个劳动力，成本基本上等于零，从结果上看，"第一个'3 个月周期'内首先由自己尝试第一步"无疑是正确的选择。

　　但是我并非专业程序员，结果还是发现："这件事自己无法完成，要想开发出符合商业运作要求的软件必须寻找开发合作伙伴。"于是第二个"3 个月周期"的课题则升级为"寻找共同开发 freee 的搭档"。

　　后来，包括我在内共有 3 人一起开发了"云会计软件 freee"。到今天为止，不但是中小企业，连许多大企业或个人创业人员也在使用 freee。这一切的起点就是我在谷歌利用业余时间尝试开发的第一个"3个月周期"。有些人也许会觉得是"最多尝试3个月",而对于我来说是**"至少尝试3个月"**,这种刻骨铭心的体会也一直贯穿着我的人生。

集中精力尝试3个月,

将会带来"焕然一新的成果"。

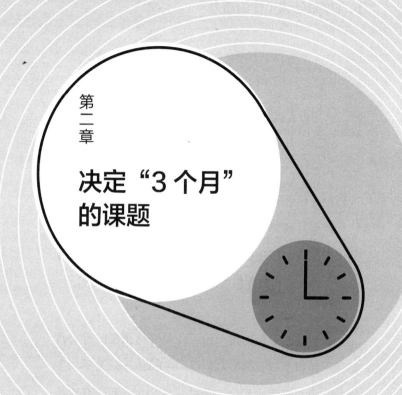

第二章

决定“3个月”
的课题

兴奋度是延续工作的动力

选择令人兴奋的工作内容。

在 3 个月周期中，瞄准一项课题是基本原则。可惜在现实中，从上司处接到的课题也许没法提起兴趣，或者没有丝毫乐趣的情况比比皆是。

但是，遇到这种情况应该改变自己的思路，**如果从课题本身看不出任何有趣之处，那就把目光放长远一些，将注意力放在解决问题之后的结果和意义上。**

我毕业之后做的第一份工作是在博报堂的市场营销部，博报堂是我的实习公司——Interscope 公司的大客户，也是深受求职者追捧的优良公司，我天真地认为在这里能做一些有趣的工作。

不料刚进公司就发现大错特错，在这里，要么就是偷窃别人的广告创意，要么就是为了决定某个广告起用某个明星而没日没夜地打电话。虽然有些人对这样的广告代理工作甘之如饴，但是几番尝试之后我已经觉得味同嚼蜡，不由得开始担心如果继续这样混日子，前途会一片渺茫。

更要命的是，我的专业是数字化技术，而前互联网时代的广告行业需要进行费效比计算，也就是说必须给出"做了这个广告能多赚多少"的数据，我实在是感到水土不服。这样一来对工作开始抱有不安感，斗志也日渐消沉。

就在此时，我机缘巧合跳槽去消费金融公司就任营销负责人。日本国内对消费金融的印象不是很好，而我接到的第一个任务就是"彻底实施品牌建设，通过电视广告大幅度提高品牌形象"。

直到今天这种情况依旧没有多大改观，消费金融行业的广告手法极其有限，因此我想到消费金融的品牌建设必须考虑电视广告之外的手段。

对此，为了多方了解这个行业，我故意去各家消费金融做贷款卡，然后发疯似的借钱。从中体会到无论从哪家公司借钱所获得的服务都差不多。

还有就是进入多家消费金融入驻的大楼时发现，客户会因为一个小小的理由就断定"这家店太黑"，转头就跑到竞争对手的门店。

于是我建议委托方"为了让客户能毫无压力进自己的门店，应该加大对店面布局的投资"。可惜委托方的负责人以及公司前辈们大部分是精英阶层人士，几乎没什么人会站在贷款方的角度去店面转一转，所以这个建议最终也就不了了之。

我唯有认真考虑如何能让部下站在贷款人的角度看问题，最后决定大家一起去门店进行现场体验。经过这次实地走访，团队同人理解了我的苦心，开始讨论"怎样才能改善店面布局，增加多少投资将会得到多少回馈，这些都应该如何进行量化"等内容。

接下来向东京市内其他 200 家分店派出调查员，对店面进行彻底评估，并且拍摄店面以及 ATM 取证，调查影响来店人数与各项因素的相关性。在多方努力之下，确定了向不同店面投资的模式。最终明确了改善要点并提高了营业额，委托方对此极为赞赏。

综上所述，主动从上司分配下来的课题中找到未知的乐趣，这样就可以带着愉悦的心态解决课题，这是我获得的重要经验之一。

首先要从多角度考虑问题，如果实在无法从中找出开心工作的着力点，也许取消这项工作是个明智的选择。

但是，如果感觉到工作"真的很有趣"，单凭这点都是个重大发现。**我认为：工作乐趣并非他人给予的，而是靠自己从工作中努力发掘，能够找到工作乐趣也许是一种与生俱来的能力吧。**

工作的乐趣并非靠他人赐予，

而是由自己找寻。

挑战"别人不愿意做的事情"

选择3个月周期课题时,最好从"众人从不关注"的内容中拣选。

就我个人的经验来说,固然要选择令人开心的课题,还应该在选择基准中加上"是否受众人关注"这一点。原因在于这样的课题竞争对手少,更容易出结果。

进入中学后,受到严重的自我认识危机的打击,我一时间完全失去了自信。在小学阶段,我属于善于与人沟通的类型,在学校中是个显眼的存在。不料进入开成中学后,大家的沟通能力基本上都很强,到处都是高情商的人,而且学习和运动都远胜于我,直接竞争无法取胜,音乐绘画等高手如云,无论怎么努力我都被别人压一头。

课外活动兴趣小组有橄榄球、排球、棒球、合唱等,凡是有点可能性的我都进行了尝试。即使经过3个月之后有了不小的进步,但是往往新的疑问开始浮现:

"这个技能上无论怎么努力都无法成为佼佼者，继续拼命努力下去又能有什么结果呢？"有了疑问就只能离开兴趣小组，一来二去才沮丧地发现："我在这个集体里没有任何独特之处，真是普通得不能再普通了。"就这样，在自怜自弃中天天浑浑噩噩地活着。

幸亏受到这样的压力之后，半道上不由得转念一想："从正面无法取胜，那就考虑什么事情比较有趣吧。"说具体些就是：**我开始关注与别人的不同之处和别人不在意的事情。**

如果自己引人注目，那就不必特地去关注不引人注目的事物，也没有关注的必要。我为在众多强手中如何保持自己的个性、重拾自信费尽心思，百般尝试之后，渐渐地开始对众人不在意的"冷门"事物燃起了兴趣。这种心态成了后来开发"云会计软件 freee"的源头，也是自己人生哲学的原点。

进入高中之后，社会上开始流行带有名牌高中标记的背包，而当时开成高中没有官方指定的背包，于是我决定自己做一款。

设计了背包的外观之后，一家一家打电话咨询生产企业，四处寻找能代加工的企业。同时带着样品询问周围的朋友"这种包你买几个"，居然口碑还不错。

既然有口碑就下定决心订购了 300 个背包，转眼间就全部脱手了。每个背包的成本价是 2000 日元，售价是 3500 日元，这就是我人生初次踏入营销领域的经验（可惜后来其他人开始模仿，并到处大量销售引出了不少麻烦，最后校方干脆推出自己的官方背包款式）。

这种经验令我认识到可以踏入别人还没涉足的领域，并且自己也能办好事情，由此重新拾起了自信。

回顾到目前遇到的"市场空隙①"，我认为即使在找工作的阶段也应该具备寻找商机的意识。

例如，毕业生之间流传的就职企业排行榜上，一直以来位居前列的几家企业都是老面孔。但是，这种企业的开发项目往往是社会上的热点项目，竞争对手众多而且难以出成果。

现实生活中参与人数少的课题，或者是缺乏社会

---

① 指需要跳出原有的思维定式才能发现的市场。

关注度的课题，还有别人不愿意接触的领域、投资的触角尚未企及、尚未得到深度开发的市场，也就是常说的"蓝海"。

这里面就隐藏着市场空隙，从中挖掘出有趣之处，尝试实施 3 个月周期计划，也许会产生震撼世界的新成果。

从"缺乏社会关注度"的课题中

找出"自己想做的事情"。

找出"想做的事"与"能做的事"的交集

"想做的事情"与"能做的事情"是否有交集？

假如在被大多数人忽视的"市场空隙"领域中找到"想做的事情"，接下来就要考虑是不是自己"能做的事情"。

尤其是要在 3 个月内获得震撼性结果，就必须在踏入"市场空隙"领域前对"想做的事情"和"能做的事情"进行通盘考虑。

举个极端的例子，因为喜欢打棒球，所以立即想成为职业棒球选手估计是缘木求鱼。因为广受追捧的棒球竞争对手如云，无论怎样努力都未必能够具备职业棒球选手的实力。

越是盯着受欢迎的领域，越是众人关注的方向，"能做的事情（实力）"与现实之间的反差也越大。

"云会计软件 freee"本身就是一个"不怎么受众人关注"的领域，正是因为我"想做的事情"与"能做的事情"相吻合，所以才能在短时间内成为日本国内市场占有率第一的软件。

首先，"想做的事情"这一概念是我从谷歌的工作经验体会到的，具体来说产生这种概念的发端是在负责开发中小企业市场时，发现日本创业率极低，而且中小企业新技术导入及互联网利用上落后于别国。急于扭转这种情况的危机感与冲动在我心中开始激荡。

那时，云端服务在日本方兴未艾，而我认为随着时代的进步迟早云端服务会在全球引发新浪潮。到了2008年加入谷歌的时候，公司内部的多种工具就来自云端，这种便利性令人难以忘怀。

就这样随着工作经验的累积，我越来越强烈地感到，未来任何人都可以通过互联网轻松完成会计工作，这样的技术革新迟早会来临。而且对于公司来说，这种革新具有重大意义，因此，我想亲手开发出这种应用软件。

其次，判断开发"云会计软件 freee"属于"能做的事情"是基于我参与开发操作系统编程工作的经验，在 ALBERT 公司为了解决低效率财务工作问题时收获的各种经验。

那时的财务手续极其烦琐，需要将发票上的数字人工输入电脑并贴到账本上，还需要几道手续的人工验算。有时候甚至连电脑数据都要打印出来再次人工输入电脑里。作为一名程序员，我认为这种重复性作业必须进行自动化。

所以，我多方考虑后认为，采用技术手段将两者结合正好能实现自己"想做的事情"。**当时我灵光一闪，就根据经验将"想做的事情"和"能做的事情"进行了匹配。**而且当时尚未有专门面向中小企业提供容易上手的应用软件的公司，我直观地感到这就是"市场空隙"的机会。

况且，这个领域的竞争对手极少，自己"想做的事情"与"能做的事情"刚好重合。刹那间我愈加坚定了"一定要开发从根本上服务中小企业的应用软件"这种想法。**"会计软件"看上去好像没什么魅力，但它的背后藏着无尽的风光。**

如何才能发掘到"想做的事情"和"能做的事情"？我认为，表面上做这样的分析有点多此一举的感觉，实际上这需要有针对性的多次尝试，才能从混沌中找出真正的捷径。只有这样才能在社会中扩展视野，发现问题点，发掘出更多"能做到的事情"。

随着发掘到的"想做的事情"与"能做的事情"越来越多，到了某个临界点时，这两者就会在心中碰撞并结为一体，这样的情况我已经体会过很多次了。

挑战新事物能增加人生的选项。

只有迈出第一步才知道有没有把握

挑战新事物不必踌躇。

freee 这样的公司里有各种各样的人，大家都有个共同的特征，那就是没有人会同意"没做过的事情一定办不到"。

程序员能毫不犹豫地完成客户支持业务，而客户支持部门人员成为新程序开发项目启动负责人之类的情况比比皆是，可以说公司里不存在业务上的阻隔。

作为交换条件，公司规定凡是自己启动的项目必须负责到底。我认为，唯有这样的企业才拥有激发新思想的土壤。事实上，每个人都期待每天能遇到新的自己，在欢乐中完成工作。

要是有人还在为想做的事情犹豫，或者根本找不到想做的事情，我往往会大声提醒他："不管怎样，先全身心投入一件事再看结果吧？"**因为想做的事情往往产生于偶然。**

在遇到心仪的课题之前，千万别把自己限制在一个角落里，尝试挑战各种新事物才是重中之重。尤其是离自己生活越近，越是大家不愿做的课题，越要勇于尝试。

只有这样，肯定会有"这个问题好像自己能解决""这个问题好像挺有趣"之类的收获。不迈出尝试的第一步，就无法看到后面的风景，唯有勇于尝试的人才能建立起他人没有的独特世界观。

学生时代我曾经加入过合唱队。加入合唱队的起因是，那时我四处闲逛，所以朋友就问我"要不要试试看"。原本对合唱没什么兴趣，但是觉得这样的机会以后未必能有，所以还是决定参加合唱队。

加入合唱队之后成了男高音，刚开始的时候觉得挺有意思，虽然不是里面的佼佼者，但是进入一个新的世界使我眼界大开，满是新鲜感。

加入合唱队，这不仅仅是增加了一个爱好，同时也提高了自己的经验值，能力上也颇有长进。对我来说，无论开始还是结束，都不值得浪费时间去踌躇不决。

举个日本文化价值观中"坚持是种美德"的例子，

例如中学及高中的兴趣小组活动，很多人非常认同"坚持下去别退出"这样的观点。但是站在"人生拓展"的角度上看，我并不赞同这样的文化氛围，因为从另一个角度来看，挑战不同的事物，拓宽自身的视野也是一种选择。

接下来的 3 个月，全身心投入某件事往往会因为"好不容易做到这个程度了，再加把劲儿吧"这种思路导致自己彻底陷进去无法脱身。这就是所谓"虚耗之魔"。这种想法认为，因为已经投入了时间精力，中途停止就会觉得是"虚耗"。

不过，我认为：**不必为了某个事物坚持投入全部精力到底，多多体验不同的事物也是有价值的。**

觉得"很可惜"的原因也许源自"到手之物不该舍弃"这样的观念吧。话不应该这样说，其实，经验就在自己的脑海中聚沙成塔。

大学时代曾经留学瑞典，看到欧洲人无论是对运动还是对音乐都多有涉猎，我曾经对他们的广泛兴趣赞叹不已。也许这就是教养中的一环吧，并非将一生投入一件事上，而是体验各种事物，由此人生才会更加多彩。

反而在日本，还没弄清楚是否真的喜爱某种事物就叫嚷"坚持才是力量"，并倾向于把"坚持一种事物"赋予美德方面的价值。我认为，这样的行为才是真正的"很可惜"，过度投入某种没有意义的事情，本身就是种浪费，因为世界本身就充满了未知。

过度投入无意义的课题不过是浪费精力。

从谷歌的企业文化"unlearn"中汲取养分

"谷歌是个独特的公司，所以万事 unlearn（突破常识）为先。"

刚加入谷歌，上司及同事们就向我灌输上面的话。**"unlearn"指的是突破常识考虑如何取得成果。**

普通公司在作出决断、核准预算时必须遵循公司既有流程与管理体制。但是在谷歌内部这样的东西并不存在。

举例来说，在日本公司未得他人认可，自己的构想能不能落实就是个未知数。而在多数外资企业里，公司流程、规定及个人的权限范围都有明文规定，不过谷歌公司是个例外。

简单地说，谷歌的做法是"主动积极的人获利"，对于喜欢独力做事的人来说，这也许是最舒适的环境吧。但是，当需要人协助的时候就有点为难，会弄不清楚到底该去找谁。每天的工作就是在这种"无序"之中得以实施。

自己的团队能拿到多少预算不明确，就算有预算也经常很快就会见底。为了顺应这种无序状态，从某种意义上来说"unlearn"是必不可少的要素。

在通常情况下，一旦被告知"你有 200 万日元的预算"，正常的做法是考虑该如何有效利用这笔钱。而当预算金额不明晰的时候，有些人就会不知所措地问："这该怎么办啊"，甚至还会口出怨言。

此外，缺乏明确的规则时有些人就会被弄昏了头，"公说公有理，婆说婆有理，到底该听谁的呀？"

在这种混沌之下，有些人会屈服于巨大的压力，而对于拥有强大创造性的群体来说，混沌是一种深受欢迎的状态。因为当一切处于混沌时，无法用既有的模式去生搬硬套。

谷歌公司人才济济，那些出人意料的计划都能获得极高的预算支持，并最终得以实现。

谷歌还拥有众多博士学历的高级研究人员，均为各领域的领军人物。

没有进行充分调查就冒冒失失汇报说："调查结果如下，我们打算按这种方法推进项目"，很有可能遭到对方质问："请解释下数据统计方法"，连证据本身都会被要求证明可信性，并非那么容易蒙混过关。一旦被打上"看问题如此肤浅，怎么能将工作交给他呢"这样的标签，将彻底失去个人信用。

这样的工作环境下，即使恳求高层管理者"请用职权决定方案"，也没有任何实际效果。那种"别的公司是这么做的"的逻辑在谷歌没有市场。

那时在谷歌，动用公司的人力物力首先需要挑战常识或底线的勇气。换句话说，不抛弃固有成见的人无法在谷歌存活下来。放下顾虑放开胆量，突破固有的藩篱去挑战新事物，否则无法确立能对周围的人产生影响的工作计划。

"unlearn"并不只对谷歌有效，**我认为，挑战前人未曾涉足的领域，应对四面楚歌的现状等，对于身处只能靠摸索前进斩获成果的境地的人来说，这是打破现状所必需的思路。**

突破思维定式，收获更好成果。

如何判断"真正价值"所在

"这个解决方案真是最好的吗？真的有价值吗？"

当脑海中即将落实的 3 个月课题或点子初步成形时，最好扪心自问上面的问题。这样的扪心自问是构建重要课题的第一步。

freee 公司的同人都遵循这条行为准则兼价值判断标准，那就是自问"真的有价值吗"，简称"真正价值"。这意味着对自己今后输出的成果进行全面反省："真正的问题根源在哪里，对问题的最优解决方案是什么。"同时也意味着相信自己的成果"对用户来说是从本质上实现了增值服务"。

为什么"真正价值"要以社会价值基准为标杆呢？**这是因为我们作为人类，经常无法看清问题的本质所在。**

在我的团队开发"云会计软件 freee"之前，会计软件的竞争焦点是"如何才能更快输入数据"。即便我向潜在客户介绍"freee"创意的时候，得到的回答都是"现在的做法挺好""需要的是能更快输入数据的软件"之类的答案。

而且过去 30 年以来会计软件没有发生过变革，因此当宣布"开发云会计软件 freee"的时候，一些人劝告我说："事出突然太冒失了吧！""还是开发现有的会计软件的辅助工具如何？"即使团队成员一致认为我们的创意非常优秀，但是来自潜在客户的评价却差强人意。受此影响我不由得开始担心起来，甚至动过放弃的念头。

但是，我团队的解决对策并不是"提高数据输入速度"，而是"不必输入数据即可完成工作""数据输入自动化"等。

经过我们亲自测算，如果能顺利完成开发作业，"可以实现以现有会计软件 50 倍的效率轻松完成财会业务"。因此，我们一直确信这个软件"绝对有价值"。因此，无论潜在客户看法如何，我们矢志不渝勇往直前，成功开发出了软件。

话虽如此，但是我们的创意并不与潜在客户所期待的"答案"相吻合，自然也听不到肯定的声音。这下子连我们自己也有点沮丧，因此退一步想"只要软件能满足少数理解我们的客户，向他们提供超值服务就算成功吧"。

不料，到了"云会计软件 freee"上线试运营的时候，获得的反响远远超出了我们的预想。诸如"盼星星盼月亮想要的就是这样的服务"之类的评价在社交网站上络绎不绝，甚至成了热门话题。一时间访问量剧增，连网站的服务器都趴窝了，不得不临时下线。

更神奇的是，我们并未专门进行营销推广活动，但是上线仅仅 2 个月就发展了 4400 家企业用户。这多亏了社交网站的转发与客户之间的口口相传。

如果当初我们放弃坚持，"既然客户要求的是提高输入速度的软件"，那就顺从客户需求的话，最终实现的只不过是一次小小的改善而已，这样的服务无法实现面对中小企业财务工作自动化的创新需求。**客户的声音对改善整体服务极其重要，但是对服务革新来说未必是必要条件。**

通过这次开发经验，在内心产生了集中精力，开发符合自己信念的"真正价值"的软件的自信。同时也深深地感到，不必全盘接受用户的要求或意见，即使遭到否定，当遇到想做的事情也要坚定信念向前迈进。也许从某种意义上来说，被客户打上"没用"的标记本身正是找出行业中"市场空隙"的最后一道障碍。

"真正价值"并非仅仅属于 freee 公司的价值定位，我认为在挑战新事物，创造能带来震撼效果的新服务时，这是放之四海而皆准的方法。也是防止被他人所左右、所控制时最有意义的自我反问。

我认为，**如果自己认可"这是最优化的解决方案"，不必在意他人对自己的观点，应当相信自己的判断。**

坚信自己制定的"最佳解决方案"。

完成一次"创新"并非难事

"创新很容易，对吧！"

这句口头禅是我学生时代作为实习生工作的
Interscope 公司社长天天叨叨个不停的话，"把两个最
平常不过的东西捏合到一块儿去就成了创新。所以说
就算不是天才也能创新啊。"且不说这逻辑是否靠谱，
但这句话却在不知不觉间印入了脑海。

在我学生时代实习的时候，有次为了定价进行价
格调查，偶然读到一本市场调查的书。

这本译作大约用了两页介绍极其普通的被称为
"PSM[①]分析法"的市场调查方法，概括起来就是分析、
推导商品或服务最优价格的方法。可惜书中并未说清
楚"为什么使用这个方法就可以推导出最优价格"的
相关逻辑。因此，我无法彻底理解其中的含义，着实

---

① PSM，全称 Price Sensitivity Mete，即价格敏感度测试，是在
产品生命周期中评估品牌或者品牌组合的定价策略及市场份额。

令人遗憾。

第二天无意间将自己的遗憾告诉了社长，社长反手就甩过来一个任务："既然这样，那就弄清楚到底是按什么逻辑进行分析的吧？"前文提到的数据自动输入系统的开发工作已经粗具雏形，正好手上没啥事情，自己也觉得这事挺有意思，于是我就接受了挑战。

我的脑袋早就被社长的口头禅"创新挺容易的吧"给催眠了，也正是受这个影响，经常会抱着"这个问题比想象的要简单啊"的思路，所以我很少对未知问题抱有抵触情绪。而且我喜欢看问题积极的一面："正因为没法理解书里介绍的内容，所以靠自己的努力也许能找到有趣的事情。"

工作的第一步就是回溯调查原始文献。因为我认为，只要找到原始文献也许就能弄清楚为什么有这么多的书籍介绍"PSM分析法"。在阅读了众多资料之后，我发现译作中存在小小的误译，导致逻辑解说上并不彻底。

既然发现了这个问题，那么直接利用PSM调查方法就不太适合了。我发现，结合在分析PSM时遇到的另外一种调查方法，两者融合后的调查方法在逻辑上就很容易理解。

　　这种改善并没什么了不起的，思路上只不过是将"PSM 分析法"与另外一种偶然发现的分析方法融合而已。不过，如果依据更广泛的领域所查阅文献可知，只要增大调查数据的样本数，PSM 原先的理论还是正确的。通过回溯调查理论发展的历史，我的脑海里才浮现出两种理论融合的思路。

　　虽说两种理论融合是个简单的想法，但是我改良后的分析方法论文却受到众多好评。日本市场营销学会将该论文列为引用论文，并刊登在那种未经许可不得转载的业界权威性杂志上（该论文至今在市场营销调查书籍中仍被多方引用）。

　　对于当初社长的口头禅，我是这样理解的："如果你现在正在攻克别人未曾想过的课题，关键在于不要带着畏难心理，而是把问题往简单里想，因为任何人都具备创新的可能性。"社长的"即使是常人也能发起创新"的观点给我留下了深刻的印象，并深深扎根于我的价值观中。

　　"只不过是把这个和这个组合到一块儿罢了"，不少人觉得这样的思路过于浅显，有意无意间会把问题给复杂化。我在当时还没融会贯通到这一层次，但是现在回想起来"互联网＋某某"组合是"互联网＋书店就是亚马逊"，"智能手机＋某某"组合是"智能手机＋出租车就是 Uber"，**简单的元素组合催生了创新产业。**

"互联网＋会计软件就是 freee"的组合也是一种简单的思路。要是我没有"着手创新是很简单的事情"这样的思路框架，也许"云会计软件 freee"未必能诞生吧。

这个世界上有趣的构思随处可寻，**很多时候，更重要的是认识到这些构思"真了不起，能改变整个世界"，并且能够狂热地投入研究中。**创新的种子课题就藏在每一个人的身边。

旧概念的"融合"，往往能诞生新概念。

每 3 个月调整一次"主题"

累积"3 个月"的结果创造出成果

freee 公司创业的原因在于我自身的"3 个月规则"模式异于他人。为实现我"为所有中小企业经营者提供异于以往的服务"这一目标,单一的 3 个月周期的拼搏并非句号,有必要进行更长时间的拼搏才能达到终点。

我于 2012 年 7 月开创了 freee 公司,毋庸置疑,首次 3 个月周期的课题是尽快开发云会计软件。

话虽简单,但是创业后的头 3 个月时间使用效率极其低下。原因在于自己独立之后,突然拥有了大块的自由时间,原本期待着能冒出更多更好的构思也变成了毫无条理可言的思维散沙,最后我不得不回到原点反思自己该做什么。

从某种意义上来说,自己创业就是进入了没有工作截止时间的新世界,没人评估你做得好坏,也没人在后面连敲带打地督促，也许是我还没办法适应这个新环境吧。所以说创业最初的 3 个月，与其说是在推动工作前进，倒不如说是被创业给弄昏了头。

7 月创业，不知不觉间窗外已经是凉风乍起的秋天，很快整个公司的同人们感觉到这样下去很要命，不由得加快了开发速度。

现在回想起 freee 创业时的情况，我认为在谷歌学来的 3 个月周期法极其重要，应当从真正重要的工作着手，一步一步推动前行。

关键在于迅速行动，首先要达成一定的成果。 然后根据用户的反馈进行软件修改，提高系统的完成度。现在，这个方针在公司内部已经得到有效贯彻，现在回想起来那 3 个月真是充满苦涩，同时也是经验教训不断丰富的 3 个月。

因此，进入第二个 3 个月周期时，我下定决心："没什么值得犹豫的，就开发这个软件！"我们最初的目标客户是个体经营者，因此只能以 2 月中旬这一可以开始税务申报的时间为目标，下定决心往前突击。

可惜无论怎么拼命赶，结果还是没赶在税务申报开始前完成软件开发。要是当初能提前一个月行动，赶在税务申报前完成工作，正好能在这个时间点将软件上线，真是越想越后悔。

为了弥补后悔之情，我说什么也要在税务申报结束后的 3 月 19 日完成软件上线，这是绝对不允许拖延的底线，并以此展开工作。

初版"云会计软件"上线后用户好评如潮。接下来的 3 个月就要根据客户的反馈对"freee"进行版本升级。

此刻，对于我们来说，新课题则是带着改版后的软件参加"众多新企业报名的 Pitch Contest[①]"。结果，在当年 5 月的评比上获得头奖，知名度顿时爆发性地增大，到了 7 月共获得 2.7 亿日元的投资。

虽然有所发展，但是作为"云会计软件"这种革命性的新生事物，不少中小企业经营者依旧不了解它。"这究竟是怎么回事？"作为下一个 3 个月周期的课题，扩大"云会计软件 freee"产品知名度就被提上了日程。

---

① 多家企业展示本公司产品或服务进行评比的赛事。

如前文所述，每次集中解决 1 个课题，所有的课题大约每 3 个月就会发生变化。受此影响，下一个 3 个月周期的主打课题也应当随之调整。

即使最终目标是非常艰难的问题，只要每 3 个月进行课题调整，一定能保持干劲儿迈向终点。

实现长远目标的关键在于

每 3 个月设定新的小课题。

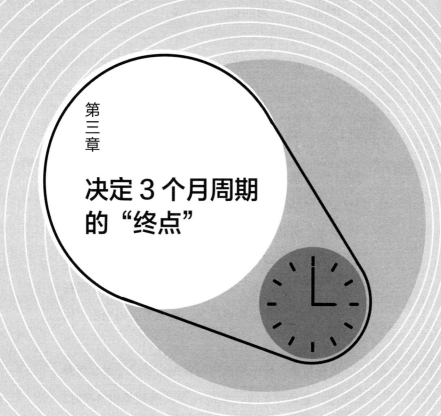

第三章

决定 3 个月周期
的"终点"

以"理想先导"为前提

第一步要以"理想"为基础。

大多数人偏向于以"现在的我能做什么"为基础考虑未来，和"手头只有这些工具就只能做这些事情"的想法不谋而合。

但是，遇到"真正想挑战的是这个课题，需要这么多人和这么多资金"这样的情况时，首先应以理想条件为基础考虑问题。这么做的原因是，**仅以"现在能做的事情"为标准考虑问题，结果将会限制住"构想的体量"**。

以最理想的构想考虑问题首先应尝试考虑如何开展课题才是最完美的。在 freee 公司遇到类似情况时，我们称之为"理想先导"。"理想先导"同时也是 freee公司的价值标准之一。在催生新价值的时候，与"真正价值"观点相同，都是极其有效的思路。

前面也提到过，开发"云会计软件 freee"时有人劝告我们说："会计行业已经 30 年没有发生任何改变了，还是住手吧。"那时的我们丝毫不曾有过"我们不是会计行业的专家，所以开发创新型会计软件肯定很难"之类的顾虑，反而在积极考虑开发软件所需的理想状态。

创业伊始，开发新软件是重于一切的课题，所以开发软件必须以速度优先。所以，那时的理想状态就是"包括作为创业主体的我在内，3 个人全充当程序员"。

担任 CTO（Chief Technology Officer/ 技术总监）的横路先生原本是工程师，根本没有软件开发经验，只能拼命边学边做。

还有平栗先生，那时与程序员根本不沾边，从法律专业毕业之后连着 3 次司法考试失败，复读了几年之后才加入了 freee 公司。要是死抱着"能做什么就做什么"的想法，估计就会说"我不会编程，只会端茶送水"或者"我就当个法务负责人吧"。

但是现状确实不是理想状态，为了早日完成软件开发这一艰巨任务，最理想的状态就是全公司这 3 个人都具备程序员般的战斗力，所以连平栗君也为了学习编程而废寝忘食。从每个人的经历来说这简直就是天方夜谭，但是后来他们都成长为领导开发部门的负责人。

在 freee 公司首先应该考虑的是"理想"及"本质价值"，所以从创业阶段就具备了"敢于挑战一切"这一企业文化。这也是 freee 公司最引以为豪的优点。

在普通公司里，也许员工会考虑"现在我能为公司做什么贡献"，**我认为完全不必被"现在自己能做什么"给捆住手脚。**尤其是像日本这样极其重视经验的国家，确实存在"理想先导"难以施展的情况，经常是以"以前做什么现在做什么"的经验先导考虑问题。

那种"经验先导"的思路类似于"思考怪癖"，不知不觉染上这种习惯的人远比预想的要多得多。正是这类人要放弃"我没经验所以办不到"这样的思想，**重要的是要多多考虑"需要哪些东西才能填平现实与理想的鸿沟"。**是否能从思想上迈出这一步，决定了每个人人生的成果与成长的巨大差距。

当然，在现实社会中有许多不得不让步的场面，但是，**如果养成以理想为核心的思考习惯，必然会解**

除限制自身能力成长的枷锁。思想会变得更加成熟，视野也会更加开阔，更重要的是能一眼看破理想与现实的差距，促使自我朝着理想的方向努力前进。

唯有如此，才能增加自己能做的选项，开拓更大的可能性，结果就是能催生出更加令人惊异的成果。单单一个思考习惯就会给成果带来巨大的影响，这也是我的亲身体会。

摒弃"现实先导"，选择"理想先导"。

必须以"可控项目"为目标

瞄准自己无法掌控的终点（目标）没有任何意义。

我认为，这里强调的是目标设定的重要性。身陷无法达成的目标绝对不是件令人开心的事情，因为设定目标的初衷就是实现目标，制订自己能控制的目标是关键要点。

如果是名营销人员，通常会制订"本月目标销售额为 100 万日元"这样的具体目标，这个目标如果自己能掌握控制就没有问题。

问题在于客户因素占主导地位，所以说这个目标缺乏现实意义。所以说，**目标中有自己无法掌控的部分时，就无法预估为达成目标具体该采取什么手段，结果只能变成尽力而为地工作罢了。**

更要命的是，面对这种无法掌控的目标，大部人很容易产生诸如"怎么办啊，离营销目标还差老远啊"，"糟糕，这次估计达成目标很悬啊"之类的不安与焦虑。

在这种精神状态的影响下，很难将全部的精力集中在工作上，影响工作效率不说，心情也很糟糕。

因此，设定终点（目标）之时，**避免设定"销售额 100 万日元（达成目标）"之类的目标，而是以前一个步骤"拜访客户 20 位（行动目标）"为目标，类似这样将目标聚焦在自己该采取的行动上**（实际工作中遇到这类情况不仅仅是访问客户人数，应该加上"打算这样与客户沟通"之类的目标）。

还不要忘记"主要时间放在这个项目上""这项内容必须理解"等达成目标的手段或能力，并且明确应完成事项的优先顺序，制订具体的行动计划。

综上所述，"必须以可控项目为目标"这种思路不仅限于商业活动，在学习上也有相通的意义。

例如学英语的时候就不应该制订"能用英语进行日常会话"之类泛泛的目标。即使从结果上来看也许算是个终点，**但是作为目标必须明确"做什么""做到哪个程度"等内容。**如果无法将"自己该做的事情"进行具体量化并设定目标，真正行动的时候就无法有一个鲜明的蓝图。

大家在学英语的时候往往会设立"TOEIC 考 600 分"之类的"达成目标"，虽然好像看上去是个明确的目标，但是开始的分数并非自己能左右的要素，而且一般人也想象不出"TOEIC 考 600 分"到底有多了不起，所以我不建议将其列入目标。

最终结果是要实现"TOEIC 考 600 分"，但设定目标时不建议直接以此为目标，而应设定"背诵某本书里的所有生词""3 本参考书里的问题全部答对"等自己能掌控的目标为好。因为这类目标明确了"自己该做的事情"，更容易落实到行动中。

如果以彻底牢记 3 本英语参考书的所有题目为最终目标，那么就是"以 3 个月推算则一个月必须学会一本书"→"因此每日需要学习 10 页"→"只学习 1 次会忘记，必须每天复习"→"1 个月后复习相同部分，只要认真做 3 次就能牢记"→"汇总多次复习还发生错误的项目，在最后两周进行彻底巩固"，等等，以此类推，制订明晰的"做什么、怎么做"的计划。

制订好计划之后，只要认真执行每一步，就可以集中精力完成应该做的事情。如果发生延宕也能及早发现，"糟糕，必须加快速度"，对计划进行适当调整。

无论怎样，制订具体而详细的"（预定）达成目标"，防止自己在工作中迷失方向是极其重要的一环。但是，切切不可忽视的是锁定"自己可掌控的目标"，制订具体的"行动计划"，才能提高斩获成果的可能性。

目标不是"TOEIC 考 600 分"，
而是能让行动落到实处的"3 本参考书"。

是否为社会创造颠覆性价值

"怎么突然从谷歌辞职了呢？"

这是我经常被人质疑的问题。自然，最大的原因是想开发"freee"云会计软件。

在谷歌工作的那段时间里，我越来越强烈地感到，以互联网或人工智能为基础的技术革命能在日本引发商业模式的革新浪潮。

但是，从未考虑过创业的我却最终离开谷歌自立门户，究其原因，经过多方反思之后给自己总结出了这样一个答案：

我一直抱着"哪怕失败也无所谓，自己当一次给世界带来巨大贡献的主角"这样的念头（而且与过去不同，如今创业失败不仅不会成为不光彩的记录，反而是一种镀金经历。所以我认为失败也有失败的价值，才更容易下定创业的决心）。

在谷歌工作期间，它的企业文化深深影响了我，而且也给了我无数挑战新事物的机会，工作也充满了无穷的乐趣。因为谷歌这样的公司给社会带来了巨大的贡献，从进入谷歌的那一刻起，我就在享受着意义非凡的工作本身所带来的乐趣。但是，由于谷歌又是一家超大型公司，而身在其中工作越久，个人就越难感觉到自己是直接为社会创造价值。

当遇到这个机会，也就是一想到"任何企业都需要会计软件，所以设想利用最新的人工智能或云端技术，开发出革命性的业务效率化及经验可视化的新型软件。如果能实现这个构想，如同打倒了保龄球中心瓶一般，会产生彻底颠覆旧的社会常识的震撼效果"这样的成果，我就兴奋不已。

据说在那个时代，主流观点认为导入新技术难度极大，所以日本中小企业对新技术敬而远之。但是我认为，以利用互联网及人工智能实现简化财务工作为契机，使中小企业适应新技术环境之后，在其他领域推广应用就事半功倍。

而且，目前这个领域还是一片空白，越想越感觉值得一试。我认为，即使这次失败了，从中学到的东西本身都会给社会带来巨大的冲击。

经过深度思考之后，我领悟到"创业"才是为社会做贡献，也是满足自己愿望的最佳方式。所以，我最终向谷歌提出辞职，并作为人生的下一个目标开创了 freee 公司。

当然，这也是我个人的想法。不过，这家公司的考核制度中就已经包含了对"能否为社会创造颠覆性价值"的评判，这也是企业文化之一。即在人事绩效评估上，员工取得的成果对社会的震撼度是个极其重要的指标，具体实施的就是"震撼度评审"。

一般的公司会把销售额当成目标设定的常用量化值，而在 freee 公司这并非唯一的重要指标，当然，作为企业肯定需要量化目标值。但是，freee 公司主要聚焦于"给社会或组织带来多大的震撼度"这一指标上。

以最快的速度向日本中小企业经营者们提供、导入日新月异的技术，及早解放企业后勤部门，使企业人员专注于本职工作中的"创造性工作"，确保大家**不会为了财务数据而迷失更重要的创业初心**。

这不仅仅是公司的目标，**如果每个员工也把目标**

设定为"给社会创造颠覆性价值"，站在更宏观的角度思考问题，就能在一定程度上提高工作积极性及工作质量。

应以"能给社会带来多大贡献"为长期目标。

是否真的能为社会"做贡献"

有了"为社会做贡献"的念头，激情自然就会燃烧。

谷歌旗下还聚集了有着以下文化特征的优秀人才。

例如，"Thank God，It's Friday.（感谢上帝，星期五来啦！）"这样的句子，取开头的字母组成 TGIF 作为一种独有的公司文化用语。意思是出于对平安度过这一周抱着感激之心和相互慰问之意，周五晚上在办公室举行聚会。

在聚会上大家就如何为社会做贡献、解决社会问题畅所欲言，这些都是发自内心的言论。例如，参观福利院之后大家发表意见，提出谷歌公司可以从哪方面提供改善手段，以此造福更多的人。虽然 TGIF 属于休闲的时间，但是这样的讨论却极其认真而热烈，每个人都会发自内心地考虑如何为社会做贡献，这就是谷歌公司特殊的企业文化。

任何人想到一个课题并与同事们分享，大家都像对待自身遇到的问题一样，认真而积极地给出自己的意见与解决思路，为解决课题展开一系列讨论，丝毫没有惺惺作态的感觉。东日本大地震时，谷歌的工程师们花了一个晚上紧急开发出避难设施地图软件，而且这个软件还能在普通翻盖式手机上直接使用，没有任何人提及自己在做什么，默默地上线发布了对受灾地区有用的软件。在谷歌工作期间，这种"为社会做贡献"的热切心愿深深打动了我。

在 freee 公司里抱着同样观念的同事非常多，不少人为 NPO（即非营利组织）的特殊需求提供初期服务，一旦有人发现需要解决的问题都会主动积极地参与其中。

解决社会面临的重大问题不仅仅给社会带来震撼，对自己来说也是瞄准目标不断前进的动力。

在谷歌工作时，某次的一个月休假令我有了刻骨铭心的体会。当时有位荷兰上司说："日本人真是勤奋过度哇，干脆你休一个月假吧。"既然上司都这样说了，我就休了一个月的假。

首先，一个月假期内该做什么是个大问题。没人会陪我度过一个月这么漫长的时光，犹豫良久之后，我决定去澳大利亚参加一个高尔夫培训班，好好强化一下球技。时间真是多得令人发慌啊。

不料，连续 3 天过着"埋头练习高尔夫外加吃饭睡觉"的生活之后，我已经彻底厌倦了。也许打高尔夫是挺开心的，瞄准提高球技这一目标也能坚持下去。问题在于我明白一个月之后就没办法继续练习高尔夫，如果仅仅是为了过把瘾，厌倦之情的降临也是分分钟的事情。

更重要的是，吃饭睡觉打高尔夫这样的生活对社会没有任何贡献。那些漂亮话就不提了，这样的生活只能算是我一味地享受时光。更恰当地说，一想到自己成了一个只消费不生产的人，不由得感到眼前一片黑暗。**与刹那间的欢乐相比，全心全意为社会做贡献，这样的生活才能长期维系下去，并能体会到真正的美。**这就是我当时所确立的信念。

尤其是在当下的时代，即便是胸无大志度过一生的人，遇到危险丢掉性命的可能性也几乎为零。在这样的时代，最重要的事情就是给自己设定一个"为什么而活着"的远大目标，探求人生真谛。

例如，假如将目标设定为"赚大钱"，但是"不想掏钱"的保守思想占了上风的话，那就很难做出大胆的决定或者制定长期发展战略吧。

站在另外一个角度来看，**如果基于为社会做贡献这一理念为目标全身心投入工作，就算最终失败，也能告诉世人"我这种方式会失败"的教训。**这样也是为社会做贡献，我的失败也有了价值。明白这一点就会更自然而然地身负使命感，更易于下定决心采取果断行动。在我看来，**将工作与为社会解决课题、为社会做贡献结合起来这样的思路，其实对自己也有益处。**

投入到"社会问题"中能始终保持工作积极性。

"逻辑"最能打动人心

善于"调动资本"及"动员人力"的人，无一例外是高明的阐述者。

这是我到今天为止的真实经验。"市场规模如此之大，单价定为多少，即可捕获盈利为多少的商业机会。"这就是一个故事，只要列举出具体的数字谁都能侃上几句。但是，谷歌也罢，博报堂也罢，能够成功调动预算和人力的人都是高明的阐述者，他们向听众传达的是一个课题与成果有机组合而成的、令人心服口服的逻辑。

这样的人能够以战略性课题为基础，制订一个引人入胜的计划，并将课题与成果简洁明快地展示出来。**再把"只要完成这些工作，整个社会将更具活力"的逻辑清晰表达出来，进而能成功为听众营描绘出"虽然这是艰巨的工作，但是社会将因此而改变，必须达成目标"的宏伟蓝图，真不愧是此道高手啊。**最终成功煽动起大家说出"那就为这个计划赌上一把"，也就意味着成功地调动了大量人力物力。

　　谷歌公司内部有个类似 NPO 的特别团队，他们不受商业行为限制，专门考虑如何解决社会现实问题。与他们共事时，那种说服他人的能力给我留下极其强烈的印象。

　　最令我难以忘怀的是，他们在论证"问题根源"相关的客观事实时，往往会在潜移默化之间糅入自己的观点。例如在讨论优化预测灾难与向大众示警效率这一问题时，他们会列举当前亟待解决的课题并给出相应的解决对策，那种强大的说服力令听众心悦诚服并认可他们的观点。我在与日本政府进行牵线沟通时，往往也采取"为了解决当前问题，我方该采取哪些必要对策"之类的论证方法，引导听众在不知不觉间接受我方观点。

　　我认为，强大的逻辑再加上高明的阐述决定一切，课题设定及内容尚在其次。也就是说，如果阐述时加入令人倾倒的逻辑，资金与人员将自然而然地流向高明的阐述者。

　　我认为，在当今时代阐述观点时如果缺乏令人倾倒的逻辑，往往会给生意带来负面影响。原因在于综观全世界就会发现，在社会上比资金更宝贵的是人才，换句话说，资金绰绰有余，但是人才却极度匮乏。即使手头聚集了大量的资金，但是缺乏足够的人才，也难以成就给社会带来震撼的伟大规划。

而且，现在这个社会已经发生了改变，人们不再单纯追逐金钱，更看重的是事业本身。越来越少人被"一起参与这个构想，一旦成功就可以赚大钱"这样的诱惑所打动。

在以上大环境之下，具备强大说服力的"故事性"备受重视，枯燥无味的数字无法说服对方"为某项课题赌上全部身家"。freee公司从零开始仅仅5年就成长为员工超过300人的企业，关键在于公司一直以来以"促进中小企业经营者将精力集中于价值创造"为重要目标。

在逻辑表达上，首先应该了解社会动态，掌握社会趋势，给听众一种"我能掌控一切"的感觉，让他们有"信任感"。先找到值得攻克的课题，再以此发动所有人。当需要某些有才能的人助力时，则必须厘清以下 3 个方面：

- 需要谁协助？需要他做什么？
- 如果计划得以实现，能够改变什么？
- 这样的改变有什么意义？

当人们对"自己所做的每件事情都有明确的意义"这样强大的逻辑产生共鸣时，就会被带动起来。希望每位读者能再次回想一下，如果想为社会带来震撼性的成果，那是否具备了能打动他人、使他们"愿意为此赌上一切身家"的逻辑阐述能力呢？

在当今社会，什么才能打动大家呢？

遇到迷茫之处回归原点

　　人类对事物的"热情度"极其善变。我自己也是一个性格多变的人。但是，对事物的"热情度"变化是每个人的通性，未必算得上是人性的缺陷。但是，在 3 个月周期内集中精神攻克某项课题时，必须事先注意一些问题。

　　原因在于，**如果无法察觉自己的"热情度出现了变化"，随着时间的变迁就会发现自己很容易被周围的环境所左右。**

　　"怎么失去热情度啦？""对课题的热情度变化是好是坏啊？""热情度变了，是不是该换个课题？""还是应该坚持到最后打开突破口呢？"针对不同情况应该进行冷静的判断。如果无法有意识地把握住自己的"热情度波动"，也许在不知不觉间会被心情变化左右工作进度。

　　有些困难只要稍加努力便可解决，但如果没有设定一个准确的目标，就会变得很丧气，觉得"我果然还是不行"，或是干脆调转方向。这不仅仅是要解决时间与人力方面的问题，更关键的是要将负面问题消灭于萌芽状态。

当自己不知道该怎么办，内心产生动摇的时候，就应该回到逻辑的原点，想想我想做什么，我该做什么。或者说，这也是最原始的想法。

尤其是当目标遥不可及的时候，不动摇的逻辑就成了一个强大的思维主轴。

例如，在开发"云会计软件 freee"的时候，我的思维主轴是这样的：

打算通过导入新技术并利用互联网，帮助中小企业实现会计工作自动化与效率化

实现这个目标，有助于改变中小企业的工作方式，产生用于创造新事物的时间

↓

有助于扩大日本中小企业的规模，使更多的人参与中小企业经营

开发"云会计软件 freee"时，有一段时间听到相关方面的各种反对之声，我曾经产生过"怎样才能让客户认同我们提供的服务""我们提供的服务真的能被客户们接受吗"之类的困惑。

最终，**只有自己的课题、目标和逻辑能让自己坚信"我现在的努力目标是很有价值的"，才能对现阶段的工作和下一阶段的计划有一个清晰的认知。**直到最后我们的方向都没有出现偏离。

"为了谁做什么事情""如果得以实现会带来什么影响""这种影响有什么意义"这些问题的答案也是作出决断时最明确的判断标准。

如果事先确立了明确的判断标准，即使中途遇到阻碍也不会影响每个推进的步骤，最终实现最初的目标。

这并非只适用于商界人士，也适用于怀揣梦想与人生目标的人。人们常说"感到迷茫就回归原点"，其实逻辑就是所谓的"原点"。**遇到阻碍的时候就回想一下自己的初心，一定会柳暗花明的。**

看看那些坚定不移迈向自己目标的人们就会理解，他们每个人都有一个强大的逻辑——"我要做的事，一定是极具价值的"——来支撑自己。

逻辑是确保 3 个月内
彻底贯彻初始计划的决定因素。

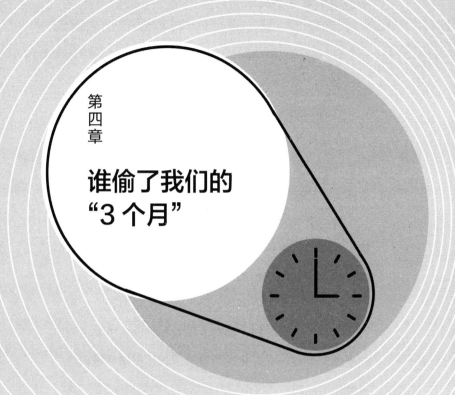

第四章

谁偷了我们的
"3 个月"

不要事事犹豫不决

杜绝接踵而来的烦恼。

在每天的生活中，"该怎么办啊？"这样的烦恼来得比预想的要多很多。甚至连中午在便利店购买盒饭这样简单的选择问题都会令人费上一番脑筋。

每一个"怎么办啊"的犹豫之后就是作出选择的机会。因此，**我一直在努力让自己变得"当机立断"，遇事减少犹豫的时间。**

创业后我才意识到"当机立断"的重要性，这可以让我减少犹豫时间，提高工作效率。这是极其重要的思路。例如，有人找我商量事情时，根据话题内容我会作出诸如"这种事情为什么自己不能拿主意""这件事必须去问另外一个团队，先做好手头的事情吧""这个问题比较复杂，需要找这个团队的人开个会进行协商"之类的判断，将决断权分配给相关人员。

一般来说，往往会有自己的判断标准，根据标准作出判断即可。但是，如果类似需要判断的事情反复出现，那就应该将自己的判断标准形成明文规定。

将所有的事情标准化，形成规定，这固然是大企业的做法，甚至有些官僚主义。但如果一件事被咨询的频率过高，将其诉诸明文规定无疑是最好的解决办法。除了那些一定要有标准的事情外，其他的小事都可以按照个人的原则，或是依据当时的状况来做一个弹性许诺。

我最初意识到"自己无法判断"的次数越来越多，是在创业后公司规模达到30人左右的时候，事实令我体会到了"所有的事情都等自己作出决断，效率反而变得更糟"这一问题。

随着公司的规模越来越大，一个人精力有限难以处理全部的事情。所有的事情都需要我拿主意的时候，发生了许多处理效率低下的事例。

也有的人会觉得"我不知道这么做的理由是什么，不过既然这么规定了，我就照办吧"，这种想法很危险，因为"不过既然这么规定了，我就照办吧的结果，往往很可能偏离最初的目标"。如此一来，生产效率自然会受到影响。

到底该做什么事情，连负责人自己都弄不明白！为防止出现这样的问题，关键在于事先沟通的重点也应该包括作出决断的"思路"，并获得大家的共同认可，这一点必须贯彻到实处。

不单单是"结果"，包括"思路"也要与大家取得共识。做到这一点之后，即使我不在，公司也能正常运转，而且管理层无须关注每个细节的进度，也会减少为公司员工讲解公司决策的理由或背景等所需的时间。和以前完全由我对所有的事情做出指示相比，生产效率得到了大幅提升。

举个例子，小孩儿出生的时候我作为丈夫休了陪产假。在此期间专心育儿，基本上没有就工作与员工做过任何沟通，这要多亏了没有我、公司也能正常运转的组织体制。公司已经上了管理层能自行判断的"正轨"，管理层又能与员工积极沟通，所以即使我不在也不会耽误公司运营。从个人的角度来说，我希望能拥有更多的休假时间。

无论是个人还是组织，建立起一个能够当机立断的运作模式，绝对能够节约时间、降低遇事犹豫的次数，结果必将有助于顺利推进工作。

　　减少需要决策的事项，

　　就能减少犹豫不决的次数。

精确筛选出可效率化的内容

工作分为可能提效与无法提效这两种。

所以，最重要的是判断什么工作值得投入时间与人力，什么工作即便投入大量的时间与人力也是无用功。

freee 公司正在全面开展包括云会计软件服务在内的后勤工作高效化活动，这也是我们最擅长的领域之一。通过全面实施后勤部门的业务高效化，为所有中小企业及个人创业者提供支持。

以上是公司已经明确的责任与定位，而我本人又是一个"效率第一"的人。确实，我十分讨厌低效率的工作，遇到任何问题时，首先考虑的就是"能不能提高效率"。不过，并非所有的事情都能被高效化的。

例如，人与人之间交流的效率化就是个大难题。所以我认为，为维持人际关系投入适当的时间必然是不可避免的，而且不仅是投入时间，还应该投入相应的资金。这样的投入不仅可以改善工作中的人际关系，也有助于提升工作效率。

在谷歌公司，为了团队建设投入大额资金也不在少数。这种做法与其说是公司的管理哲学，倒不如说是一种十分合理的企业文化。工作之余部门同事经常聚餐，这已经成为一种深受大家喜爱的公司惯例了。此外，员工们还根据自己的爱好来组成"滑雪团"等旅行类社团，提升"公司团队建设"的成效。

了解人际关系的重要性，意识到良好的人际关系有助于提升工作效率。也许是日本与欧美的文化差异吧，人们对于个人社交能力的关注度截然不同。但是，考虑到"有利于工作"这一点，我认为无论是在哪个国家，团队建设都是合理且重要的工作。

今天，freee公司的员工已经超过350名，而且每月还在招收新人，我基本上能认清所有人，这是因为一直以来我都有意识地和每个人进行接触。

例如，针对社会招聘的人员，进公司第一天先制作"自我介绍卡片"，上面写清楚这位新同事以前从事的工作、加入 freee 后从事的工作，有什么人生目标，爱好及座右铭之类的内容。再配上简历照片，从而完成了解这位同事"人物印象"的相关资料。

我们可以通过电脑或者手机来浏览新同事的"自我介绍卡片"，所以包括我在内的 freee 的所有人，都可以随时进行浏览。这样一来，我们对新同事有了更深的了解，平时见面时也可以热情地打招呼。

电子产品的种类也很丰富。所以我们可以通过诸如"自我介绍卡片"这样的小改变，让人际关系等难以提效的事情也能实现效率提升，以此类推，也能在其他方面进行改善，最终提升生产效率。

对于公司的新进人员，我都会亲自讲授 60 分钟的讲座，借此直接向大家宣传公司的定位与价值标准，把公司的文化基因传播给每一位新人，这样的讲座每个月至少一次。然后再通过举办恳谈会，至少能有 3 次机会与新进人员面谈，这样才能记得对方的情况。

还有就是每年几次的全公司员工合宿与旅行，我认为这也是人际关系投资的一环。因为员工之间的融洽相处，也会给工作效率带来很好的促进作用。

认清无法实施效率化的事项，重要的是找出如何有效合理地提高产出效率的思路。

为人际关系投入时间是非常必要的。

不纠结面子，不过于客套

"站在对方的角度会怎么想呢？"

如果将过多的精力放在这个问题上，就会导致工作效率大幅下降。确实，所有人都会在某种程度上考虑"我说了这话对方会怎么想"之类的问题。但是，**有必要明确认识的是，"过于在意他人的看法会剥夺自己的时间"**。

当一个人过于纠结"想被人认可，被认同"之类的想法，容易陷入讲面子或虚与委蛇的境地。我认为，这样一来会消耗掉大量的时间与体力，并导致工作效率低下，是一种极大的浪费。

例如每天在答复邮件时，如果为诸如"不马上回复，对方会不会不开心""假如这样写的话对方会不会有想法"之类而过多考虑对方心情，写邮件就会花费掉大量的时间。

所以我在回复邮件的时候尽量不浪费时间，与回复时间、语气措辞相比，更注重的是将真诚的心意写进邮件中打动对方。即使是拒绝别人的邮件，我也一直抱着"即使内容简单，但是写这封邮件时心里充满了歉意，然后直接发送"这样的思绪回复对方。

提到好面子，感受最深的就是学校的家长观摩日。我特别讨厌形式主义，为了家长观摩还要打扫平时根本不去碰的地方，而且家长们个个穿得风度翩翩，根本就背离了观摩日本身的目的，这令我极其反感。观摩日本就是为了让家长们看到日常的上课情景，那就应该维持平时的样子，所以这种临时抱佛脚的做法也未免太刻意了吧。

我认为，过度的客套也和纠结面子一样是一种浪费行为。例如，我还是公司职员的时候，有几位年事已高的名人是公司的客户，在记忆中，这些客户对我很是关爱，相信根本原因在于我很少和他们客套吧，几乎从不夸奖他们，而是直接说："换这个方法会更好吧？"我向来都是有一说一，不做无谓的客套。

尤其是在大公司里，当一个人越是年长或是身居高位，越难从周围人的口中听到关于自己的真话。正是因为和身边的年轻人很少沟通，也许我率真的态度显得尤其珍贵。

不过，在我看来，只要是出于善意的观点都应该畅所欲言，我不介意对方这位大人物会怎么看我，所以才能无所顾忌地畅所欲言，但多数人也许是在意对方的地位而从来不说（或者难以开口）吧，"闭口不言"并非仅仅是"没动脑筋才没话可说"，我认为更多的情况是"想得太多了才不开口"。但是，这样一来就成了"花了大量的时间进行思考，结果（过于客套）什么也没说出口"，我认为这种做法的生产效率极其低下，是一种严重浪费。

而且我在工作中也体会到，"越是有实力的人说话越直截了当，与这样的人打交道更加容易"，基本上会给对方留下好感。从另一方面来看，"不客套"更是一个加分项。

改变在意他人看法的自己，就会减少为揣摩他人所消耗的时间，也意味着能挤出新的时间。然后将这部分时间用在真正想做的事情上，这样一来就可以增加学习高难度知识的时间，挑战更新、更难的工作。唯有如此，才能创造给社会带来更大震撼的成果。

也许有些人会觉得摆脱过分在意他人的心态有些难度，但是，不摆脱这种心态将给自己带来不必要的压力，这些压力甚至会影响自己下一步的行动。

只要下定决心"不过度纠结面子""不过于客套"，言行举止也会变得更加简洁明快，更具合理性。 然后将这些时间用在创造性工作上，再导入3个月挑战周期，则更加容易产生成果。

过于在意对方的想法会降低双方的效率。

这种"时间使用方法"是否对双方有利？

"一些觉得再普通不过的行为，真的对双方有好处吗？"

邮件、会议以及预约时间，这些平时大家并未认真考虑而流于形式的作业，最好能进行一次自问反思。**因为当这些行为缺乏明确意义的时候，唯一的结果就是浪费了对方重要的时间。**

在日本"见个面寒暄问候""见个面做个解释"之类的习气非常浓厚。可是到了强调"以生产效率为先导"的今天，类似这种做法是否能向对方传达敬意是要打个问号的。

我曾经听说过日本的商务人员向硅谷等海外创业者提出"为表达敬意而登门拜访"的预约时，对方不是烦不胜烦就是火冒三丈。如果是规模大到成了当地观光点的那种大企业，自然无须欢迎访问者；如果是刚刚起步的小企业，哪有时间应对这样的事情呢？根本看不出仅仅为了"互相问候"而占用双方时间有什么意义。

想要硅谷企业愿意花时间听听我方的想法，至少要准备一个令对方感兴趣的话题吧。我认为，礼貌性登门拜访实际是在浪费对方的时间，所以要为对方准备至少与这段时间等值的话题。

在谷歌公司，如果认为出席某个会议没有实际意义，随时可以取消会议；或者在会议中途觉得自己没有必要参与，可以随时退出会场。这种做法已经在公司制度上做出了明文规定。

更不必说许多学者专家会直截了当地表示："应酬的时间不如用在更有价值的事情上。"遇到"问专家就会知道"的事情，专家才不会谆谆教导你，要是你开口询问，对方会直接在对话框里甩过来个网站链接，然后告诉你："把链接里的资料好好阅读就知道答案了。"

与其多次麻烦别人对一个问题进行讲解，倒不如自己仔细阅读资料来得更快。我认为养成自己查阅的习惯对双方来说都是节约时间的最好方法，也是最合理的思路。

我认为，也应该重新审视一下那些出于潜移默化的习惯或礼节所写的邮件。即使是一封问候邮件，在发出之前也应当站在"节约自己与对方的时间"这一角度考虑，这会对提高生产效率产生意想不到的影响。

举个最近发生的例子，无意中谈起一位关照过我生意却有段时间没联系的客户，我觉得应该发个邮件问候，顺便提及自己的近况。

后来双方都觉得有必要见面聊聊，但是考虑到会面时间及事前安排，无论是我还是对方都需要付出不少代价，最终还是协商取消了这次行程。

随后，我发了一封名为"久久不曾问候"的邮件，相信对方肯定会认真阅读这种标题的邮件，便在里面简短介绍了生意及个人生活上的近况。

很快，我不仅收到了对方的回信，而且邮件中还提到了"这个生意一起合作吧"的商务合作要求。对此，我也直截了当地回复道："这件事需要与某某进行协商议定。"依照这样的节奏，一步步将工作展开到位。最终双方都有所收获，而且我觉得一切都顺畅无比。

维持良好的人际关系确实需要投入一定的时间成本，但是完全没有必要拘泥于某种形式。立足于"这种时间使用方法对双方有利""会不会占用双方的时间"的观点来采取行动，将自然而然地提高生产效率。

流于形式的低效率行为没有实际意义。

化繁为简，提高沟通效率

采用简洁易懂的方式描述想要传达的信息。

这虽然是老生常谈，但是我认为事实上每个人在这方面的能力各有千秋。尤其是很多人时间有限很难认真阅读邮件。如何吸引对方读完邮件的全部内容，避免邮件的内容带有歧义，使对方迅速领会我方的本意等，写邮件真的需要进行以上考量。

谷歌公司极其重视这种"邮件撰写能力"，因为这牵涉到技术人员特有的文化环境，当被问到"这件事怎么办"的时候往往懒得理睬对方，直接甩个网站链接回去。对提问方来说，必须用极其简略易懂的字句表述自己提出问题的本意，否则对方的态度会大不相同。

现在，身处日本的人员与旧金山、伦敦等物理空间上极其遥远的人协同工作的情形极其平常，因此"能够以易于理解的方式写邮件"既是最基本的，也是极其重要的能力。

谷歌公司模仿"座右铭集锦"制作了内部文献汇总，每个新人入职后会得到一本手册并被告知"工作从阅读开始"。手册里面全是过去工作中的优秀邮件范文或笔记，从中可以深刻体会到谷歌公司极其看重员工的"邮件撰写能力"。

能否以**"这篇资料是否容易理解？是否能推动阅读者付诸行动？"**为前提撰写邮件，从中也能证明一个人的沟通能力。

善于沟通的人撰写的邮件都有相同的特征，那就是如同新闻报道一般从邮件标题就能明白内容，从最初的几行字就能明白全篇的中心思想。

以邮件的标题为例，如果写的是"ACTION REQUIRED"（必须执行），对方不得不阅读内容。"希望你完成以下工作""请立即阅读""收到邮件立即执行"等在标题中直接向对方提出要求的邮件，阅读率会大幅提高。

还有别的方式，例如有些邮件的标题带有非常显眼的成果名称，这样就可以让大家都知道即将取得什么样的成果。每当出现这种极具震撼性的邮件标题，往往能收获不少来自同事们诸如"恭喜""真了不起"之类的由衷赞叹。结果这封邮件逐渐成了大家邮箱中排行首位的优先邮件，即使没有直接关系都忍不住会打开看看并由衷赞赏，自然会从头到尾认真阅读这封邮件。

以下就是一些我也会忍不住打开阅读的邮件标题例子：

- ✉ 请确认本人认为 freee 年度档案及法律档案检索功能应当向法人开放权限
- ✉ 访问某某株式会社时的惨痛教训
- ✉ 名字变更联络
- ✉ freee 收到的五大反馈意见
- ✉ 试用某某功能感到郁闷的人请投稿
- ✉ 真心话——致对现在的产品战略感到忧虑的人们

以上各邮件标题有个共同的特征：邮件内容一目了然，使人不由得想点开阅读。如果换成诸如"关于企划书的意见"或"问候"之类的标题，相信无论是在谷歌还是在 freee 都很难勾起收件方的阅读兴趣。

需要强调的是，收件方在不知详情的条件下打开一封长邮件阅读，跳到最后只看到"没拿到预算"之类令人遗憾的结果，那么再吸引人的邮件也是白忙一场。结果很可能使对方没有兴趣读完，还令对方失去对邮件撰写者的信赖。

每天使用邮件已经习以为常，因此很多人未必在意邮件撰写方式的好坏。但是，**"一目了然且短小精悍的邮件"是种极其强大的武器**，对许多人有着极大的影响力，所以千万不要轻视"邮件撰写能力"。

"能够清晰明了地阐述观点"是种极其强大的武器。

邮件"分类"极其重要

每天有 1000 封邮件进入我的邮箱。

如何处理这些邮件，决定了这一整天的生产效率。
说句坦白的话，我不可能打开全部邮件仔细阅读，而且就算只挑选关键邮件从头看到尾，这一整天该做的事情仍会受到很大的影响。日复一日，整体的工作日程就会被无限期拖延。

所以，有效区分邮件、提高阅读效率则必须制定符合自己习惯的规则，并不断进行完善。

为判断邮件是否值得一读，我会有效利用邮箱功能以及邮件标题，最终将筛选出 100 封左右的邮件。

这 100 封邮件也未必会当天全部开启，还要依照"应当立即阅读""应当立即阅读并回信"等进行筛选，并保留在收件箱内。

对于其他那些不必立即应对的，则列为"待阅读邮件"予以存档，但是之后未必会打开阅读。

为了完成以上工作，首先要快速浏览 1000 多封邮件的标题，阅读邮件标题与乘坐新干线时阅读电子广告牌的滚动新闻类似，就算浏览 1000 条标题也占用不了多少时间。

单单阅读邮件标题，就已经基本上掌握了大部分邮件中的"情况报告"，并有了初步的结论，由此做出"不必阅读""根本不用看都行"之类的判断，并删除相关的邮件。

遇到浏览标题时感觉"需要做进一步了解"的邮件，觉得有必要才会当即点击阅读。但是，如果遇到一封此邮件就阅读一封，会给一天的工作计划带来极大的压力。对此，我有意识地将注意力集中于邮件分类上。

还有一点，就是要有效利用邮箱的过滤功能，明确"与当天工作没有关系"的邮件之后，将该邮件从收件箱自动转入相应类别的文件夹中。

例如，不少邮件的收信人并非我本人而是我所属的工作团队，而且某些工作团队中的部分业务与我没有直接关系，许多情况下相关的邮件仅仅作为参考信息抄送给我，类似这样的邮件就可以自动分配进专门的文件夹。

采用这种分类手段再加上我自己很明了各工作团队的重要性，对各团队文件夹里的邮件仅通过标题即可判断"必须阅读"还是"待阅读"，无形中大幅提高了邮件分类的效率。

删除无须阅读的邮件，将所有的"待阅读"邮件归档保存之后，自然而然收件箱里剩下的只有"马上阅读"和"马上回复"的邮件。换句话说，收件箱里的邮件直接可以转化成今天的工作日程。

做到这一步就可以根据上面提到的"日程"决定今天该做的工作。像这样的分类作业，我大约只需要30分钟就能完成。

至于剩下的"待阅读"邮件，只要在周日晚上空出1—2个小时，将一周攒下来的邮件集中阅读处理即可。这也是我在谷歌公司养成的习惯。

通过利用周末留出的时间，就可以将平时处理邮件的时间压缩至最低限度。但是就在我刚结束陪产假的那几天里，几乎不分节假日都在拼命工作。直到最近，周末用于查阅邮件的时间也有所缩短。

正是因为每天都要使用邮件，所以努力提高邮件处理效率、日常不忘邮件处理的优化，就可以为自己创造出更多时间，投入想做的事情或具有创造性的工作。

制定一个方法，

使精力集中在每天"应完成的工作"。

关注工作的"生产效率"

想做的事情数不胜数，可就是没时间！

而且眼前的日常事务性工作总是占用大量的时间，很难着手做自己想做的事情。遇到这种困境的人，**很可能是被日常事务性工作带来的虚假充实感麻痹了神经。**

以前，在学生时代我曾经在教育培训公司做过小时工，到今天都还记得埋头给学员们打分时的那种愉悦感。

后来，在做互联网数据分析的时候我才发现那种心情愉悦的原因所在。即使已经被互联网彻底渗透的职场，虽然各种自动化改善日益发达，但还是存在许多不能被取代的日常人工作业。有些人曾经这样说过："像这样埋头绘制图表、确认数字之类的单纯作业好像挺开心的哦。"

我猛然间对这样的观点感到错愕，但是仔细一想，确实也觉得完成一般事务性工作有种别样的愉悦感。

处理日常事务性工作不知不觉间 2 个小时就过去了，回头一看不由得感到意外："哎呀，做了这么多事情！"也就是说，不必殚精竭虑就能看到很明确的工作结果，每个人都会认同完成事务性工作所带来的这种成就感。

诸如埋头整理 Excel 表格、绘制相关的图表、阅读调查问卷的内容再分类，这样的工作都能以直白的方式告诉你工作进度，自然能够给人带来愉悦感。

答复邮件也一样，干净利落地将收件箱里的邮件一封一封解决掉，自然也能带来相应的愉悦感。

虽然这类事务性工作本身并非创造性工作，生产效率也乏善可陈，但是总会带来一些成就感，也就令人感到心情舒畅。结果在不知不觉中，时间就飞快地溜走了。

对此，有个小小的、对我来说却是个重要的发现，那就是"越是不必费心劳神就能取得进展的作业，越能给人带来愉悦感"。这个发现令我改变了对工作的态度。

相同的工作时间内，相较于苦思冥想绞尽脑汁去制定规划，默默地拿出各种收据发票计算经费绝对更有愉悦感。但是，很明显将时间用于能产生新价值的规划工作的生产效率更高。

所以说，**有必要明确地意识到日常事务性工作"虽有充实感但生产效率极低"。**

当然，一些邮件必须即刻回复，彻底排除日常事务性工作当然是不可能的。而且从另一方面来看，也许将日常事务性工作作为工作中的缓冲时间加以利用，倒也不失为一种对策。但是，当手头有急需解决的正事时，就需要根据自己的判断是否将日常事务作业归为可以削减的时间。如果意识不到这一点，也许在不知不觉之间时间就莫名其妙地溜走了。

我的对策是在星期天晚上留出时间集中处理一周的次要邮件，平时则集中精力应对"必须马上解决的事情"，正是因为理解了以下道理：**并非所有的工作都能一口气做完，所以必须把握并有效分配用于高效率工作的时间和日常工作时间。**

日常事务性工作最好能集中起来以最有效率的方式处理掉，否则每天的主要时间会被消耗殆尽。那些

"被手头的工作逼得没时间做别的事情"的人最好彻底反思一下日常事务性工作的时间使用方法，也许能从中找到解决时间不足这一问题的突破口，也就能创造出更多的时间用于正事上。

正视效率低下的事实，
莫将"常规工作"的琐碎误当作充实。

有时必须选择"舍弃"

不开心的工作无法持久，无法持久的工作无法收获成果。

与制定工作课题一样重要的是，工作展开之后自己所能感受到的乐趣。尤其在距离终点还很遥远的情况下，虽然已经投入了 3 个月周期进行尝试，但是依旧没有发现任何有趣的事物，也体会不到工作的愉悦感，在某些情况下就有必要考虑是否该放弃这个课题。

当初我从广告代理转入其他行业的原因也是如此，"最具广告代理特色的工作"原本是制作广告，但是前期准备工作确实令我感到乏味不堪。

例如，对我来说在广告代理公司就职期间最有趣的工作是，为把握"向店铺投入多少资金能够获得多少收益"而进行严谨的量化验证工作。这个项目主要是彻底分析验证在广告之外的"市场营销投资"的投资效果。从某种意义上来说，这样的项目结果很可能对广告行业本身是一种否定。

而在另一方面，接触到最关键的广告制作工作却味同嚼蜡。愿意在广告代理公司工作的人都有一颗热爱广告的心，就算当不了广告策划人也会抱着很多诸如"这样的创意不知道行不行""这个广告要是换成这样就更好了""模仿别人的创意也许能行"之类的强烈冲动，有时候能够讨论自己的观点都会兴奋不已。

　　当然，也许现在和当年大不相同了，以前在广告拍摄现场为敲定拍摄方式需要耗费极其漫长的时间进行讨论协商。就在入职一年左右吧，某次广告策划会议上讨论"某个广告需要哪位明星出镜"，我对此没有特别的看法。不料会议陷入了胶着状态，与会者全员必须按顺序说出自己的观点。这使得我备感焦虑，而且我也意识到了一个问题，周围没有一个人抱着像我这种"几位明星谁都行"的极其平淡的想法。

　　正如"真心喜爱才会成为高手"所说的，只有那些对广告充满激情的人才会有说不完的话题，才会有远高于常人的积极性，才能敏锐地把握住细微的差异，最终才能交出满意的答卷。我至今也难以忘怀在广告代理公司所受到的新人培训，其中印象最深刻的就是广告文案培训。

任务就是整整一周为某个商品写文案，而且版本数量不限。对于我来说，这种培训真是痛苦万分，但是到了今天依旧能体会到其中的益处。所谓益处就是"拿出多个预案"的本领，也是到了后来才发现，自己在其影响下已习惯针对一个问题给出多个对策。这种能力不仅仅适用于广告行业，制定其他行业的企划时依然有用。

上文提到了，有些人热爱广告创意，以制作广告为乐，只要稍加努力就能做出非常好的广告。然而对我来说，思考"强化中小企业的战斗力""如何采取措施将人手从难度大、作业烦琐、压力大的工作中解放出来"之类的问题更具吸引力。所以我也是乐在其中，能够在我的领域里做得风生水起。

综上所述，**我认为当自己无法从当前应对的课题中发现乐趣，那就该考虑放弃，转而寻找令自己开心的课题（也就是说能发挥自身才能的课题）。**也许借此可以将自身已经获得的能力活用于新领域。

提到"放弃"这件事情，我在创业初期也有过类似的经验。当初，我曾经对共同创业的伙伴们说过，如果这个创业项目持续一年半都看不到希望的话，那就干脆做个了结。

也正是因为我们一直对"云会计软件 freee"投入市场抱着热切的期待，所以即使在短期内看不到成果也依然以享受工作带来的乐趣为信心，从不怀疑地勇往直前。

所谓"才能"，只有在愉悦之中才能得以延续。虽然每个人的乐趣各不相同，但在判断是否瞄准目标继续前进，还是在此选择放弃而犹豫不决之时，"愉悦"也可以作为一个判断标准。

向前迈进的判断标准是工作能否给自己带来愉悦感。

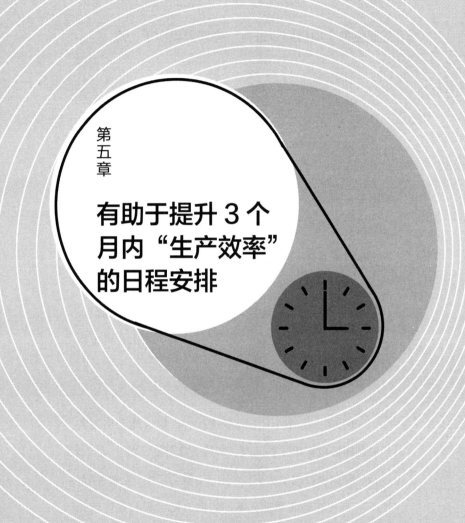

第五章

有助于提升 3 个
月内"生产效率"
的日程安排

避免多个项目同步进行，将精力集中于一点

避免多个项目同步进行。

我认为，这是有效推进项目进度的关键原则之一。尤其是必须在 3 个月周期内拿出一定的成果，要把计划细化到每天完成多少任务，特别是需要高度思考的工作，或者是那些可能会创造出新价值的工作。

所以尽量避免多个项目同步进行，只有将精力集中于一个课题上，才能提高整体的工作效率。而且，如果不能为一个课题投入足够的精力，工作效果也将大打折扣。

例如，当多项工作同步进行时，很可能会出现各项目间扯皮拖后腿的问题，导致进度停滞不前。

譬如说目前手头有 3 个案子，就会产生"先做 A 吧。不！A 现在是瓶颈期，不如先做 B 吧。说到底应该先做 C！"之类的扯皮问题，再往后就会借此产生怠工的借口。说到底人都有惰性，这一点必须铭记在心。

假如迫不得已需要同步进行多个课题，那就要防止陷入"A 现在忙得不可开交，根本没办法做 B"之类的困境。在制订详细计划之时，必须设定确认工作进度的节点，为将精力集中于"当下该做的事情"进行多方规划。

我极力推行的是"完成一项工作再启动第二项"的原则，而且这种做法与每天的时间分配息息相关。例如，每 30 分钟查收一次邮件，插入此类日常工作会打断人的注意力，对效率影响极大。

当工作日程安排不够细致时，为了集中精力于一件工作上，需要确保 1—2 个小时的大块时间。一旦决定了某段时间的工作内容，就应当尽可能执行到位。**提高生产效率的关键在于，一旦确定了时间规划，就不要随意去改动。**

况且，当工作内容进入实施阶段，一般需要投入全部时间精力才能获得显著效果，如果中间插入其他事情很可能导致工作半途而废。

立足于"该课题能否在 3 个月期间得以实施且充满乐趣"这一观点来看，能否每周为该课题投入一半

以上的时间是一个重要标准。以我迄今为止的人生经验来看，一旦进入 3 个月工作周期，每周必须为该课题投入 15 个小时，所获得的结果才能作为标准判断是否值得展开下一步工作计划。

如果经过决策而开展某项课题，每周却没有投入一半以上的时间，或者因为多种原因无法投入一半以上的时间，那就要反省是不是该课题在自己心目中的重要度出现了下滑。这种首鼠两端的做法难以获得满意的成绩，所获取的结果也难以成为判断下一阶段工作的验证资料。

为了寻获新的社会价值、为了获得更高层级的能力学习新知识而实践 3 个月周期，则更需要坚守前文所述的信条。因为这样的工作或学习不能随心所欲、一曝十寒，必须下定决心将工作或学习变成自身习惯，基本上每天都要做出努力。

当然，也许会有些例外现象，在此难以一一陈述。但是，尽量不要认为自己能成为这个例外，依照一定的计划节奏做自己的事情才是关键所在。

开发出云会计软件雏形的那 3 个月周期时，我还在谷歌工作，投入了大量业余时间在这个软件上，计算起来基本上每天投入了 8 个小时。到了创业阶段（除去迷茫时期的时间）每天为开发软件投入 15 小时甚至一整天，这一阶段整整持续了 9 个月（3×3 个月周期）。

如果抱着极其强烈的"必须完成这项课题"的愿望，首先应当将大块时间集中于一点之上。

工作上首鼠两端往往导致半途而废。

一旦决定的计划必须贯彻到底

一旦决定的计划必须贯彻到底。

我在每日的工作中对计划的贯彻极为看重。不论是读书的时候，还是参加工作之后，总有人要求我严格遵守各种时间节点。创业之后依然如此，虽说是进入了自我管理的状态，但我对严格执行计划抓得更紧了。否则，无论当初的规划有多完美，都很可能会被无限期拖延。

话虽如此，有时候确实很难统一所有人的心态。遇到这种情况该怎么办呢？**我会告诫自己"不依照计划做好分内的事将会扯他人的后腿"，为防止出现这一情况，必须做好自我管理来完成为自己制订的计划。**

例如以这种方式给自己施加压力：一旦出现工作上的拖延，就必须推掉私人计划进行弥补。在这种压力之下，我会尽全力依照计划完成工作。

给自己施加压力的方式有很多种，对我来说"不扯别人后腿"是最有效的理由。尤其是那种制约力不

谷歌时间管理课：3个月跃迁高效能人士

够强的课题或事情，如果出现拖延既不会影响别人，也不会遭到别人的惩罚，或者与别人毫无瓜葛的话，很容易就会放松对自己的要求。

所以在制订日程规划的时候，最好事先加入"一旦自己出现拖延就会扯他人后腿"这样的压力。而且在计划中尽量不留下缓冲时间，因为即使在计划中事先留有缓冲时间，也会被用到其他事情上去。

在 freee 公司，包括我在内的全体人员必须在公司内公开个人日程表，也就是做到所有成员都能自由调阅他人的日程安排。这种公开个人日程表的做法无异于一种"宣言"，与"绝对遵守日程安排"这种空口号相比具有更大的加压效果。

一旦决定启动某项工作日程时，营造一种将大家团结一致共同奋斗的氛围很关键。回想起我当年草创公司之际，每天将所有同人聚集于办公室内讨论云会计软件的开发事宜。晨会的时候主要与大家协商"今天该做什么，做到哪一步"，取得共识并切实落实到位。这样一来，使每个人都能体会到别人在努力工作，自然会产生不甘人后的斗志，并打造出互帮互助的良好企业氛围。

我认为正是"自己拖延会扯他人的后腿"这种压力促使大家互相配合。假如在那个时候采用的是每个人各自在家工作的方式，很可能导致大家半途松懈怠工。

基于不拖延工作日程、不给他人添麻烦这一准则，在另一个层面上我时常告诫自己不要打乱他人的节奏。

譬如说随着公司的组织体制越来越庞大，如果我想到哪里就说到哪里，会影响周围很多同事，导致大家产生许多计划外的工作。所以我在会议上的发言愈加谨慎，一些事情不愿意当场作答。遇到这种情况我都会在心中重新审视一遍，留下会议记录仔细观望一段时间。

此外，即使会多少影响收集信息的速度，我还是会有意识地在一定时间内彻底登出社交网站，极力做到浏览社交网站的频率不超过预设上限。浏览社交网站大约一天 2—3 次，每次 10—20 分钟而已。

当然，我并不是说关心身边发生的事情，关注亲朋好友的情况是坏事，浏览社交网站本身也没有问题。但是，在线浏览相关内容的时间过多，会导致遗忘接下来该做的事情，或者打乱正在理顺的工作思路，甚至影响到自己的工作节奏。尤其是在构思新计划的时候更要注意这一点，所以我在极力与社交网站保持一定的距离。

除了要有按时完成工作的压力之外，还要保持愉悦的心情去开展工作。**从根本上来说，自己制订的计划代表了自己的主观能动性，一步一步将其变成现实的感觉本身就是一种极其愉悦的事情吧。**"按计划完成工作是愉快的事情"是与生俱来的感觉，做好时间管理，为想做的事情挤出更多的时间本身也应该是件乐事吧。

不留缓冲时间，

给自己一个可承受的压力。

按照合理的节奏推进工作

有意识地按照合理而平稳的节奏推进工作。

在谷歌公司一边工作一边将"云会计软件 freee"由创意变成现实的这 3 个月，是我人生最开心的时期。

工作到深夜 1 点、早上 6 点就起床的生活，一睁眼时感觉极其清爽。而在谷歌忙了一天之后，从每天的 18 点开始做自己的事情也令人激动不已。

一旦为了某件事情投入全部精力，就会连睡觉时间都觉得可惜。那个时期的我连日来为了早日完成云会计软件的雏形投入了全部精力，甚至过了深夜 1 点都想继续。一旦开心地工作下去，不知不觉间整个人都会深陷其中。但是千万不要拼命到熬夜不睡觉的地步。

如果过于投入手头的工作而忘记合理休息，一旦身体垮了，工作节奏就会被打乱。也许几天或一周拼命工作没太大关系，但是一旦生活节奏被打乱就会波及身心健康，人就难以持久工作。

问题的关键在于不要过度操劳。每到一定的节点上做到张弛有度，彻底避免过于拼命或张弛无度。在开发 freee 时我有意识地遵守了"好好睡觉保证进度"这一准则。

为保证 3 个月周期获得一定的成果，投入相应的大块时间集中攻坚是不可或缺的手段。但是，3 个月只能算是设定比较合适的时间单位，必须仔细考虑将工作分割成易于完成的小项，这就需要制定一个有节有度的合理日程。

例如，其中一个要点是日程安排中必须考虑一定的余量，自己无法完成的内容不要列入日程。也就是说，凡是提上日程的项目都是经过判断，认为"能够完成"的项目。过于苛刻的日程，会因超出自身能力而导致无法完成，自然会耽误工作进度。

出现这种情况时，原本开开心心的工作计划也变成了赶鸭子上架，给人造成极大的心理负担。出现日程收紧也会给同事们造成困扰，原本大家为工作充满了干劲，反而在重重压力之下满心悲切与压抑，这才是真正的本末倒置。

为了防止身体出现异常，也为了防止精神压力过重，严守安全合理的进度是重中之重。

长跑的时候必须保持合理的节奏，工作亦有相似之处吧。为了维持身心健康，我每周会进行一次精神训练，也就是在类似冥想训练的同时进行慢跑。借着慢跑的时间将累积于内心的困惑、烦恼进行彻底清零，还可以将陷入迷局的思路理顺回归至至简状态。

每次慢跑路程 5—10 公里，而且最关键的是保持合理的节奏，要点在于一直维持心跳次数不超过"180-自己年龄"。这就需要在慢跑的时候佩戴数据测量设备。真到做起来的时候就知道难度不小，稍一加速就超过了心跳标准。

一旦慢跑进入状态，感觉到速度维持在最适宜的节奏时就会发自内心地感觉到"跑步原来是这么愉悦的运动"，就能保持很长时间的慢跑。

实现在 3 个月周期内开心工作与前面提到的慢跑心态完全相同，如同"工作到半夜 1 点一定要睡到早上 6 点"一样，彻底划分进度节奏，确保速度不要超过某个限度。这样的管控是维持 3 个月周期内解决一个课题所需的集中力与持久力的绝对保证。

注意不要干劲过足、工作过度。

厘清"不该做的项目"

在决定"该做的项目"之前，首先应厘清"不该做的项目"。

在确定未来 3 个月周期内各项工作的先后顺序时，我认为还有件事情万万不可忘却，那就是事先敲定诸如"这 3 个月周期内不该做什么""万万不得涉及这个领域""绝不参加此类会议""此类工作由他人代劳"之类"不应当做的事情"。

我也是在创业之后才开始意识到这个问题的重要性。当作为派遣人员及公司职员的时候，自身的角色单一，职责范围很有限，可一旦成了公司经营者之后不得不从 360 度全方位考虑、解决各种问题，甚至这些问题都需要我投入时间去完成。

因此，依照工作重心定位决定工作的优先顺序，要不然 1 天也只有有限的 24 小时，无论怎么看都会超出处理能力，结果就是什么都做不好。所以，必须为自己制定一个明确的"标准"判断"该做什么"和"不

谷歌时间管理课：3 个月跃迁高效能人士

该做什么"。

如果以"不该做的项目"为立足点，就可以删除大量"现在可以不做的项目"选项。这样一来，"马上要做的项目"与"绝对要做的项目"自然就很清晰，再根据优先顺序制定工作日程即可。

与此同理，不论是阅读、回复邮件，还是参加重要会议，明确需要处理应对的项目也不必特地列入"应做项目"，只要摆在和休息时间同等顺序即可。重要的是先决定自己的工作节奏，再落实到工作日程上实施进度管理。

为防止出现时间紧迫加班加点失去日程上的宽裕度，关键在于尽量削减"应做项目"。在此之上，我也会依照 3 个月周期所设定的课题，根据优先度的高低分配富余时间。

当优先度最高的课题设定为"建设团队成员间的信赖关系"时，我曾经将与该团队每个人单独会餐的时间集中列入一周内，或者选择在全公司决定为新软件开发进行投资，召集潜在客户进行意见调查的时期。

不必硬性敲定 3 个月周期内的"应做项目"逐项实施时间，而是视课题情况进行柔性思考，敲定最终的"应做项目日程"。

不仅仅是个人的工作项目，freee 公司决策**"接下来的 3 个月周期该依照哪个优先顺序"**往往通过**"OKR**①**法实施管理"**。按照 1 月—3 月、4 月—6 月的各季度设定 OKR 目标，从而决定工作的优先顺序。再依照各自的进度情况，每 3 个月周期之后有时会对计划或团队进行调整。

所谓 OKR 指的是，在设定 Objective（目的或总目标）的基础上如何推进各项工作，或者如何判断工作的结果是否符合当初的计划，尽可能与可量化的 Key Results（结果指标）直接挂钩，为实现总目标而实施的进度管控手法。例如，当 Objective 设定为"出版一本影响世界的书"时，Key Results 则应设定为"本书节点目标为到某月为止完成 30 页文章，并分发给周围的人阅读，最终目标为至少 60% 以上的读者认可内容有参考价值"，为实现以上目标该如何推进工作。

通常情况下，先制定公司整体的 OKR，并分解落

---

① OKR（Objectives and Key Results）即目标与关键成果法，是一套明确和跟踪目标及其完成情况的管理工具和方法，由英特尔公司发明。

到各部门自行制定的 OKR 上，再往下直至落实到每个人各自的 OKR 上，各层级 OKR 相互联动。我认为，OKR 管理法明确了员工个人 OKR 对公司整体的意义，尤其是对大型团队建设有着巨大效果。

在明确个人所肩负的责任这一前提下，每日的工作以 OKR 为先导稳健前行，这关系着公司整体的 3 个月周期目标是否能顺利实现。

实现这一点的关键在于，敲定"不该做的项目"，简化"该做的项目"。唯有做到这一点，在后续的工作中才不会迷失方向，杜绝迷失方向能有效提高生产效率，更重要的是能借此保持舒畅的心情，在向终点进发的每一天都能过得充实而愉快。

先删除"不该做的事项"，

该做的事项就一目了然了。

用 3 个小时进行"深度思考"

拿出充裕的时间进行深度思考。

想要进行深度思考,仅仅使用零散细碎的时间无法做到这一点,所以我非常注意每周一次拿出 3 个小时的大块时间梳理自己的思路。

譬如思考关于经营方面"长期经营模式"之类,需要高度集中注意力的课题,绝对不可能稍一动脑就能拿出结论,必须投入充裕的时间,否则很难找到能说服自己的思路,这是我多年来的亲身经历。

而且人类集中注意力的时间很短,虽说有 3 个小时,但是很难做到一直维持有效思考。即使拼命"深度思考",也未必能立竿见影地获得结果。

不过,**如果有足足 3 个小时的话,在进入"深度思考之前"还可以设置"预备时间"和"整理思路时间"**。这样的好处在于可以确保进入深度思考前后有充裕的准备时间。

在思考问题之前首先需要花费一小段时间进行信

息收集，将必要的资讯收入脑海。哪怕是 5 分钟或 10 分钟都可以，收获的结果就大不相同。其次，在深度思考之后尽可能汇总出结论，能为下次深度思考定下方向的话，所获得的结果将更加完美。例如，制作向他人阐述思路的资料，最好包括根据深度思考的结论预设、与对方沟通的方法等内容。

唯有充裕的时间才能收获生产效率较高的结果，所以切莫拘泥于其他以"时间管理"为主题的书籍中所强调的"紧急而重要的事项"，还要兼顾到高效推进"不必马上行动却相当重要的事项"。

需要强调的是，"3 小时"只不过是我的一个习惯而已，并无明确的依据。关键在于，**工作日程中必须留出足够的时间用于整理工作思路**。

我在实际工作中喜欢在一周之首安排深度思考的时间，其中的诀窍是这 3 个小时并非由类似 6 个半小时这样的碎片时间组成，而是尽可能地在日程中安排大块时间。

做好工作的日程安排，剩下的就是依照日程表落实到位。其中的要点是自己必须认清楚"这 3 个小时是为了对当前课题进行深度思考而排出的工作时间"，才有可能得以实施。是否明确这个思路对这 3 个小时生产效率的高低有着巨大的影响。

例如有人不由得会这样认为：反正空着 3 个小时，不管怎样先努力思考吧。这种心态之下，自己很容易会陷入这样的情况：或者所思考的内容全是与工作课题无关的杂念，或者最后变成了上网浏览资料，或者干脆去做临时想起的其他工作。

为了使这 3 小时成为真正有意义的时间，首先应该关掉手机的铃声，关掉邮箱页面，尽量使自己身处不受打扰的环境之中。因为聊天室、邮件、电话及社交网站都会打断深度思考，好不容易安排下来的思考时间迅速流逝。

以我为例，为了规划 5 年、10 年之后 freee 公司的未来蓝图，每年会尽力留出一周时间从当前的日常工作中彻底解脱出来。为了规划未来的企业战略，我甚至将自己独自隔绝于深山之中进行深度思考。当然，此时会切断一切聊天室、邮件等外物，集中精神搜集信息并整理思路。

我认为，有意识地留出"深度思考时间"是必不

谷歌时间管理课：3 个月跃迁高效能人士

可少的，而且需要充裕的大块时间。**不这样做的话，就会被眼前各种亟待解决的工作绑架束缚，极有可能导致那些"不必马上应对却很重要的工作"一拖再拖。**

如果想挑战的工作需要高度缜密的思路，或者是创造新事物的工作，则更加需要"深度思考时间"。尤其是正在面对具有挑战性的课题，或者需要打开课题的突破口时，首先就该在工作日程中留出"深度思考时间"。

每周一次推进"重要而不紧急"的工作。

每周两次"读书时间"，为自我充电

重视能够激发人类特有感性的时间。

这也是我一直极为看重的时间，因为这个时候的我们是感性的，可以自由支配开心、感动、放松、愤怒、哭泣等诸多情感。

这样做的原因在于，唯有经历过各种情感波动与过程，才能体会到不同立场的人身处的情况与状态。有人说"情感永远处于变化中"，也就是说外因一直在刺激着每个人的情感。如果没有时间体验这些变化，人的感情就会变得冷淡而迟钝，随着时间的推移就会忘却该如何面对自己和他人的情感波动。这种问题一旦波及经营活动，很可能会招致被众人疏远，甚至连客户的心态变化都难以捕捉。

我认为，可以通过阅读、看电影等体验情感的变化，这是激发感性情绪的重要时间。书籍和电影等文艺作品凝聚了人类众多深度思考与情感，欣赏文艺作品是在平淡生活中激发感性思维的最好机会。

但是回想我创业的最初两年，一天到晚一门心思扑在工作上，甚至连周六日都放不下工作，阅读的书籍也是与工作相关的资料，从未想过这样的生活有什么不妥之处。

有一次无意中购买了可以在任何有网络的环境下欣赏电视节目的 Chromecast①，久违地看了一次电影。说来也巧，那部电影就是美国名片《光辉岁月》。故事讲的是高中美式橄榄球队，因为白人高中并入了黑人高中，结果两支球队合并成兼有黑白两种肤色的新球队，由"肤色的不同"引发的各种矛盾通过橄榄球这项体育运动得到了很好的消除。

我久违地体会到了一种有别于商业经营的感性情感。第一次感觉到"啊，原来感性也是人类情感中不可分割的一部分啊"！与此同时，也发现这种"心动的感觉"令我一时间忘却了一切。

那个时期公司内部人员之间的磨合还未结束，所以通过电影激发了感性之后，突然发现了原来目前正

---

① 谷歌在 2013 年发布的全新连接设备。该设备运行简化版 Chrome 操作系统，可以插入电视机 HDMI 接口，把电脑或其他设备上的流媒体内容无线传送到电视上。

面临着"很危险"的问题。回顾过去两年，最值得反思的是，我既没有关注过自我情感变化，也没有关注过别人的情感变化，今后我会在工作中更多地注意到人类情感中的感性情绪。

如果这种情感麻木症就这样持续下去，也许再工作不到1年我就成了一个冷酷的工作超人了。但是，我本就不想成为这样的人，尤其是这会导致身边宝贵的朋友们弃我而去。

当我意识到激发感性情绪的重要性之后，我也发现**阅读是最理想的激发情感、学新知识的"情感训练"手段**。如同久久不用的肌肉会萎缩一般，重要的是我们的情感也需要得到定期激活。

所以我每周安排了2次读书时间，一般以周六晚上加上平时的某个夜晚为主，每次大约安排1个小时。这样安排的理由在于，如果间隔时间为2周很容易出现"这本书上次看到哪儿啦"之类的现象，特意安排的读书时间往往不会达到理想的效率。

依照每周2次、每次1个小时的节奏阅读，就会有"那个故事的后续是什么""真想从这章开始阅读"之类的阅读欲望，也只有这样才能维持阅读的热情。当阅读成为习惯之后，可以利用乘车等阅读时间之外的碎片时间快速浏览书籍内容。

我将带孩子的时间也列入了心性舒展的选项之一。带孩子未必自始至终都是开心的，孩子会突然号啕大哭也会耍脾气，总是不按常理出牌。但与孩子之间的这些全方位情感互动，会让我的感性思维变得更加成熟。

感性思维的激发，我将一如既往坚持下去。

阅读是激发各种情感的"强化训练"。

决定"在途时间"做什么

以前我最讨厌乘坐电车的时候一味地发呆。

一直以来，我觉得乘坐电车的时候不做点正事是种浪费时间的行为，所以一个人乘坐电车的时候一般会阅读书籍。如果手头没有书，为了不浪费时间则会可着劲儿阅读电车里张贴的广告。

读大学的时候，我上学单程就要 90 分钟，往返要花 3 个小时。假如一天清醒的时间是 16 个小时，单单乘坐电车就要花掉 1/5 的时间。这绝对不是碎片时间。这段时间不用来学习新知识实在是太可惜了。我在电车上学习过记账与数学，这也是我珍惜在途时间的原点。

由于有过类似的经验，**后来无论乘坐电车还是飞机，都会预先安排好在途时间的工作内容。**一遇到在途时间就不会烦恼"该做什么"，而是直接展开预定的工作。

我一个人旅行的时候往往会选择读书，经常将旅行途中的时间当作梳理思路的机会。但是，如果只是遐想而不留下任何结果，这与完全没思考别无二致，所以必须记录下深度思考的结论。可以利用的工具有便笺纸或邮件草稿箱、带有记录功能的应用"谷歌笔记"，不必刻意去选择，只要是手头最便于联网的工具都可以利用。

　　而且为了便于查阅，书面资料最好拍下照片保存在邮件的草稿箱内。如果这些资料不能做到数据化保存，要么很容易丢失，要么再次寻找要花费不少时间，结果导致生产效率降低。

　　假如和其他人一起行动，这时候想一个人读书或做深度思考就不行了，这种情况下，去程时间可以作为后续工作的"预演"加以利用。

　　譬如在赶往谈判或会见合作方的路上这段时间，可以和同伴一起分析对方的现状与面临的课题，该说些什么，对方的软肋在哪里。回程的时候我往往与同伴以"下一步该做什么"为题，讨论今后工作的展开方向。

如果同行者是极少碰面的人员，则可以借机了解一下该人的近况。

还有一点就是，面对相同的事，不同的人观点迥异的情况很常见，这个时间就可以当作激发感性思维的时间，往往会发现"原来还能从这个角度看问题""原以为已经说清楚了，看样子还是需要解释得更明白"之类的问题。借此机会可以就公司的战略方针、人事制度、全公司课题等事项，站在对方的角度了解"对现状有什么看法"，从而加深彼此的了解。

如果是出差等需要比较长在途时间的情况，我经常与远距离的同事"讨论"后续的工作计划。此时经常使用的是云端服务应用"谷歌文档"。

这种服务可以在途中连线作业，与多个团队成员共同进入聊天室在线对资料进行分析并发表观点与建议。由于不受物理空间的束缚，大家都能同时讨论，遇到"这项工作是怎么回事"之类的问题马上就能获得相关人员的反馈。

所以，就算在新干线的列车上都能进行实时讨论，一点都不耽误计划进度。随着科学技术的发展，云端服务使得人与人的沟通更加便利，即使人在旅途，也不会出现生产效率下降之类的情况。

　　在途时间如果不加以利用，时间不过是随着风景逐渐逝去，**但是如果自己主动决定"该做些什么"，随着一定的投入必然会产生一定的结果。**千万别小觑在途时间的日程安排！

　　　　　改变思想，

　　　在途时间也能变得很高效。

计划必须落实到"具体行动"上

日程中的工作应该是能够落实到行动上的项目。

这也是戴维·艾伦在著作《搞定》（Getting Things Done）中所提倡的方法之一，意思是为了完成某项工作而展开进度跟踪时，应当选择对自己具有约束力的项目详细列进日程表里。

"10 月中旬前完成工作"与"10 月 15 日 12 点前完成工作"，两者实现的可能性完全不同。再举个例子，"在早晨刷牙前"和"午饭前"这样实施时间越明确，实现目标的可能性也变得更大一些。虽然制订了月度、各周、每日计划，但是如果没有做出具体而详细的计划说今天必须完成，有时候行动上很难落到实处。还有一点在于，所有的日程要与实际日历互相匹配。

我使用便利快捷的应用"谷歌日历"实施日程管

理，只要采用拖动与定位就能随意调整组合日程内容。

还有一点就是，我会在"谷歌日历"的工作日程中加上必要的文档资料或需要阅读的资料。一旦敲定外出的日程就会在里面加上地址、地图、电车时刻表等所有必要信息，这也是 freee 公司全体同事的共同做法。

这样一来就会避免发生"那份资料在哪里""今天要和谁会面""这个会议要讨论什么"之类打断进度的问题。只要一打开日历，就能阅读这些高度浓缩的资料，可以有效避免时间浪费。

最影响效率的问题是明明已经决定的事情却没能实现，或者对下一步工作犹豫不决，所以关键在于日程一目了然易于实施。以下是我在某周的日程安排示意图。

日程安排范例

	2日 （周一）	3日 （周二）	4日 （周三）	5日 （周四）
GMT + 09				
上午8时	接送时间 上午8时至8：50	接送时间 上午8时至8：50	接送时间 上午8时至8：50	接送时间 上午8时至8：50
上午9时		给某某写邮件 上午9：00 一对一会议 上午9：30	某某来访 上午9：30至11时	巡视生产 上午9：30
上午10时	月度管理会议 评审 上午9：30至下午4：30	与某某午餐 上午0时至1：30		自我反省 上午10时 （5大）经理会议 上午10时
上午11时			（来访）采访：某某 上午11时 来访：某某 上午11：30	采访：某某 上午11时至12时
中午0时		共进午餐：某某 上午0时至1：30	事业计划说明会 中午0：10至下午1时	在途 新干线 下午12：20至2：30
下午1时	下午1时午饭		午餐：下午1时	含午餐时间
下午2时	月度反省会议 下午1时至2：50	在途下午1：35 访问某某 下午2时至3时	一对一会议 Daishke/Sumio周会 下午1：30至2：30 周MSC会议 下午2：30	访问：某某 下午2：30至3：30
下午3时		下午3时在途 人事制度评审会 下午3：30一楼会议室	月度PR会议 下午3时至4时	在途 新干线 至6：30	OO报告 OO计划 与OO公 司合作等 下午3：30
下午4时	经营反省会至4：30	某某来访 下午4：30至5：30	一对一会议 toshi/dai 下午4时 某某来访 下午4：30至5：30	
下午5时	考虑工作给社会带来震撼性 下午5时至6：50	Legal MTG Bi-wec 午后5：30	面试某某 下午5：30至6：15	
下午6时		每周全体会议 下午6：15至7时	一对一会议 DS/Ykim 下午6：30	一对一会议 Z/Daisuke（周会） 下午6时至7时
下午7时	月度管理会议 评审 联谊会 下午7时至10时	坐出租车 下午7时 与某某、某某会餐 下午7：30至10：30	一对一会议 和某某 下午7时至8时	MYM 晚餐 下午7：30至10：30
下午8时			考虑某某问题对策方针 与某某公司联络 下午8时至9时	
下午9时	安排深度思考 时间的日程			安排在途时间 工作日程（决 定该做什么）
下午10时				
下午11时				

对上表做个简单说明，"接送时间"指的是接送女

儿到幼儿园上下学的时间；上午9时到9时30分如果

没有外部预约的话，一般会空出来作为阅读需要立即回答的邮件或确认接收的新短信、确认本日日程的时间；有时也作为未完成事项的补充时间，根据需要可以转用到 TO DO（待做）工作上。

每月第一个星期一上午 9 时 30 分至下午 4 时 30 分用于召开大会。原本的主要内容是回顾上个月的工作内容，后来改良为整个团队的工作回顾与新行动计划评审会议。在这个会议之后还留时间给每个人对上月工作进行反思。该周的星期二日程安排过于紧凑，从这点来看这不是一个非常理想的日程规划。感觉星期三也和星期二一样过于紧凑，原因在于想在夜晚留出私人时间。而周四则在乘坐新干线的时候安排了深度思考时间。

自己制订的日程计划到底能落实到什么程度与工作成果有直接关联性。在整个流程上来说，将具体行动内容落实于日程安排上，然后加以实施，并反思工作进度，从而形成一个良性循环。

将该做的事情落实到日程中，

执行能力将会大幅提高。

选择工具必须考虑可持续性

选定工具及作业项目尽可能压缩至最低数量。

将工作计划落实到位有许多支持性工具可以选择，例如手账本或笔记本、便笺等，还包括从信号模拟仿真器到含有应用软件的数码产品等，各种易于操作的工具数不胜数，但是选择数量过多反而会增加使用难度。

所以，**我仅选用三种工具进行工作计划管理：使用"谷歌日历"管理日程；使用"iPhone 提示"告诉自己接下来必须完成什么项目；使用"记事本"记录非紧急的中长期重要工作项目。**

将工具限定为以上 3 种是经过多次尝试失败之后的结果，我坚信选用的工具越简单，效果越好。

前文已经对使用"谷歌日历"进行日程管理进行了阐述。而"iPhone 提示"可以用于提炼必做的工作项目，包括明天几点几分完成哪项工作、给某人发邮件、为某会议做准备、确认某些资料等"次日必须完成而且能够完成的工作项目"。

必须对工作项目进行提炼，保留重点，1 天的平均数量控制在 3 项左右。数量过多很可能因为过于杂乱而无法完成。而且，未完成工作项目过度累积还有可能打击工作积极性，降低工作效率。

顺道一提，如果使用了"谷歌日历"自带的专用功能，一旦启动之后只要工作项目没有结束，系统提示上就会一直显示为 TO DO（待做）状态。如果将长期项目列入待做项，反而容易被熟视无睹，所以这个功能不适用于中长期工作项目。

大多数需要深思熟虑的工作项目不可能由瞬间的判断解决，需要在日程中安排好充裕的时间。没有列入日程的预约或其他优先顺序靠后、应当暂时保留的项目全部由"谷歌文档"这种具有记事本功能的应用进行保存，完全可以当成类似便笺纸的工具使用。

工作记事本范例

- 经营组织活性化：遇到哪些课题？
- 如何促使经营团队实现一体化？
- 实现"真正价值"需要贯彻制定KPI目标

最上面的区域记录比较重大的问题或课题。利用空闲时间考虑如何推进或者是否暂停。需要强调的是，在这个阶段没必要列入实际工作项目中。

- 联络某某
- 送某物给某某
- 关于某事进行调查

此处记录立即展开行动的内容。是否移入日程表，尽快实施后将此项删除。

在此处记录会议或者是一对一会谈时的论题、想进一步了解的事项等。开会时可以阅读此记录回忆起内容，并进行讨论。

@wbu（会议相关记事资料）
关于某事提出问题
@pr（团队相关记事资料）
某项工作超级棒！
@sato（关于个人记事资料）
想了解认定某技术具有可行性的理由
@suzuki（关于个人记事资料）
关于实施某项工作你有何见解？

与 TO DO（待做）事项清单需要每天进行内容增减不同，这份工作记事本里记录的是"想做的事情"，并会一直保留下去，目的在于无论目前为了某个紧急案子忙得多么不可开交，也会在脑海里给"真正想做的事情"留下一席之地。

使用方法是在最上方的区域为"有空闲的时候想做的事情"留下记录，提醒自己经常浏览；下方的区域可以填写需要列入日程表的内容，或者立即完成工作后直接删除的内容；最下方的记事区域留给在会议时对特定人物说明或询问的内容，具体例子参照前页。

然后每到 1 个月左右设定反思时间，对前月的内容进行回顾。这种处理方法可以根据情况随时调整工作进度，做到列入工作日程的时候不出现遗漏。

在以上 3 个工具的帮助下，我随时可以检视中长期工作计划，并集中精力应对当前该做的事情。

简单的工具有助于保持工作的连贯性。

不被意外情况左右

遇到意外情况千万别认为这是"无奈之举"。

在工作中一旦需要插入新工作或发生意外情况，往往为了紧急应对而手忙脚乱，甚至有可能导致制定好的工作日程发生重大改变。

所以当我遇到意外情况时，**首先会留出一小段时间静心思考："这件事是否真的需要紧急应对呢？"** 所谓的紧急问题不一定要现在马上解决，很多情况下"放到明天也没问题"。我认为，应当立足于大局观心态看问题，只要不会造成"生理上的疼痛感"或者"不涉及人身伤害问题"，没有真正的紧急事件。

发生意外情况时最重要的是切莫慌乱，保持镇静，能否做到不打乱正常工作节奏，维持心境的稳定状态才是最关键之处。这种意识对未来工作成果有着重大影响。

时间允许的情况下，甚至可以稍微放置一段时间，大家以平和的心态共同讨论解决对策，千万不要被突发事件所绑架，这才是管理中的基本常识。

　　话虽如此，但是真的遇到必须马上应对的突发状况该怎么办呢？为此，我专门设置了"垃圾箱时间"，也就是"清理时间"，所以才起了这个名字。

　　例如，我的日程安排是上午 9 时 30 分开始有预约，离家的时间是 9 时的话，到正式开始工作还有 30 分钟。而这 30 分钟正是前文所述的"垃圾箱时间"，一般用于邮件分类或确认日程内容。

　　但是，我常用的"谷歌日历"能设定的最小时间单位是半小时，哪怕只是发封邮件也要默认为 30 分钟。而实际工作中完成一封邮件用不了那么长时间，一些小问题就是利用这样的碎片时间处理的。所以说如果基本上能按照日程及时完成所有的工作，也就能挤出足够的时间应对所有的突发情况。

　　此外，如果预先察觉确实无法避免的突发情况，那就应该预先考虑应对措施并留出足够的时间。

　　说到底，依照我的习惯，基本上不会将无法应对的工作或事项列入工作日程表。粗看之下，我的工作日程好像全部排得满满的，这是因为将所有的思考时间与杂务时间都排进去了，事实上我真没有感觉到时间紧迫（如果真感觉到时间紧迫，我会反思日程安排的问题）。

例如，某个工作日的半天日程在公司内，留出半天时间应对意外情况，使工作日程能自由调配。此外，如果邀约演讲的安排有极大可能会影响本职工作，那我宁可推掉这次机会。

通过这些办法，**我以能够应对各种意外情况为先导制定工作日程**。说到底，一旦过于疲劳，人的心态很可能趋于狭隘，从这个角度来说制定一个能够完成的工作日程是基本要求。

假如用尽办法还是遇到了时间不足的问题，虽然说这种情况应该事先规避，将已经安排好的"深度思考时间"挪作他用也不失为一个办法。将原本的 3 小时改为 2 小时，每次应对突发情况用 1 个小时应该足够了。

但是，**归根结底，基本原则是不引发突发情况。毕竟要制定一个能彻底应对所有突发情况的工作日程**

并不容易，没有办法的时候只能占用思考时间。通过以上 3 条原则尽可能地为创造性工作留出足够的时间。时刻牢记将时间用于实现自己想做的事情，这是一个大前提。

"防止突发情况产生"这一思路极其重要。

日程中安排好"复盘时间"是重中之重

大约每3个月一次将所有的工作日程进行梳理，反思自己的"时间使用方法"。

"怎么用掉这么多时间？""在这项工作上应该分配更多的时间！"我每次在复盘工作日程的时候都会为下一阶段的工作做好日程安排。

即使工作一切顺利，也不会以一句"挺好的"结束，而是要明确知道背后的本质问题，"工作顺利的原因何在"，这也可以作为下一步工作的借鉴。

一直以来，我在3个月周期内攻克一个课题接近终点或取得成果之后，往往立即安排"复盘时间"。切入点也可以选择3个月周期还剩不足1个月的时候。不过，在剩下的1个月内，即使察觉到"好像有点不对劲儿啊"之类的异样感，基本上也不会对大方向做出修正。到了这个时间点，与其做出重大修正，倒不如干脆做到底更有意义。

因为如果不做到底，在反思原因的时候，由于资料的缺失根本无法找出哪里没做到位、哪里做错了。真的需要进行大方向的修正，那就要在开始 1 个月左右的时候进行为好。临近尾声感觉到有问题，那就留下相关的资料成为下一项工作的经验教训。

一直以来，我通过"谷歌日历"对过去的工作日程进行定期复盘。日程安排类应用最大的好处是可以追溯自己的脚步，能即时查看 3 个月前甚至 5 年前的自己在做什么，并进行梳理。无论是 1 天的工作日程，还是整体日程构想以及详细预约内容等，都能做到一目了然。连为了某项工作花了几个小时都能查到，所以在日程管理方面我是个铁杆的数字派。

需要强调的是，虽然敲定的工作日程要坚决落实到位的信念极其重要，但是根据实际情况对一些日期做细微调整也是现实所需。复盘过去的时候，往往会发现当初疏忽的问题，例如"本该为这项工作投入更多的时间，当初没预想到""虽然当初决定不涉及这个课题，但事实上也为这个课题花了不少时间"等。

和顺利完成工作相同，在此应该仔细考虑一下**"为什么情况如此发展"的深层原因**。即使效果极其不理想，也能从中学到经验教训，同时判断实施下一个 3 个月周期的工作是否有意义。

我发现了一个有意思的倾向，在不知不觉中会议的时间越来越长，所以需要每 3 个月复盘会议的数量。其中的意义在于，如果在复盘工作日程时发现会议过多，我借此可以判断"这 3 个月的时间分配失衡"。

反过来说，经过复盘确认了"时间分配恰到好处"，这就说明工作日程得到了有效落实。

虽然在日程安排上的预定内容没有那么紧凑，但是整体上感觉不到空闲，能从中体会到充实感。可以说这样的工作日程安排非常理想，从一个侧面证明了在这段时间内，自己没有拼命追赶时间，而是依靠主观能动性完成了各种工作。

也许有时也会感觉到"日程安排过于紧凑，许多事情没来得及做好"。但是，这只不过说明时间的分配方式有问题而已，没有必要为此沮丧。

遇到这样的情况**就该复盘自己的工作日程安排，根据自己的习惯修正下一阶段的日程。**这样的复盘工作达成良性循环之后，慢慢地会提高自己的时间估算精度，凭借直觉就能做好时间分配。

逐步实现理想的时间分配方式之后，就可以随心所欲地拨出足够的时间追寻"自己真正能做且想做的事情"。

回头审视"这种时间分配方式是否合理"。

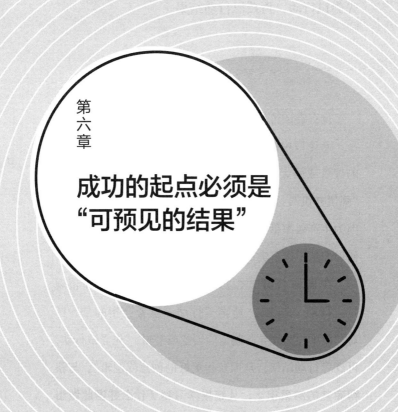

第六章

成功的起点必须是
"可预见的结果"

先尝试行动，再反思行动结果

没有尝试行动，岂能收获成功。

无论口中的理想听起来多么美妙，无论多么精彩的建议或强大的逻辑，如果不付诸行动，一切不过是"画饼充饥"，毫无意义。甚至可以说，行动极为重要。因为生产效率低的主要原因便是经历过一次失败之后，便惶惶然不肯再尝试了。

在 freee 公司与"以理想为先导"相挂钩的价值观是"行动→思考"。所谓"行动→思考"指的是，针对"以理想为先导"制定的创意或逻辑，"先尝试行动，再反思行动结果，从而获得更好的创意或逻辑"。**与获得完美的结果相比，从结果学习到了什么并据此做出改善的经验更加宝贵。**

创业伊始的苦涩经验令我切身体会到了"先给出结果的重要性"。创业伊始，正常来说应该根据当初的设想，集中精力在尽可能短的时间内完成云会计软件的开发工作。可惜在那个时候受到刚创业的兴奋劲儿影响，加之辞职之后个人的时间充裕很多，我忍不住开始犹豫是不是该仔细理顺未来的方向，有时甚至会回头思考"现在做的，究竟是不是我真正想做的"。

受此影响，最初的近3个月软件开发处于停滞状态，当初瞄准在客户税务申报时期上线软件也成了泡影，结果就等于一事无成。

那个时候真不应该想那些事情，而是应该先完成软件开发。客户使用我们的软件完成报税的计划一旦实现，相信其中的价值极其巨大，也能从中得到更多的经验教训。

首先应当行动起来，原本认为难以实现的目标，或许会在行动的过程中出现转机。

云会计软件的原核心创意之一是：自动根据银行或信用卡的明细表完成会计记账功能。刚开始的时候我先入为主地认为，这样的软件开发一定需要大力进行技术创新，所以迟迟不敢启动开发工作。甚至跟我的合作对象说："在实现我们开发理念的基础上，如果实在不行，就干脆舍弃这部分功能。"

但是，随着软件开发的深入，我再次开始怀疑："这样做真的妥当吗？"有一天和 CTO 横路一起吃饭的时候提到这件事，结论是："吃完饭就尝试一下这个构思能不能轻易实现。我们两个比赛看看谁先完成从银行明细表导出数据、自动生成记账的软件！"

结果实际操作起来才发现，横路居然用短短 3 分钟就做出了软件原型，比预想的要简单得多。那个时刻永生难忘！

freee 公司目前正在开展"公司创业 freee"服务，这与云会计软件是完全不同的服务项目，主要帮助客户设立新公司，可以在 5 分钟之内完成新公司所需要的一切文件。

通常情况下，设立新公司需要准备各种文件，必须面对各种繁杂的手续，这对创业者来说是个重大的负担。因此，当团队成员积极提出"既然 freee 以提升后勤部门的效率化为公司职责，我们就应该竭尽全力支援中小企业的创业，这对 freee 来说也同样具有重大的意义"的想法时，我也深以为是，这个项目确实有利于社会发展，且十分具有冲击力，所以立即签字批准开发了。

但是，要探究"以理想为先导"的根本所在，该创意必须与云端服务相结合才理想。但是，资料的生成以及登记手续在云端服务上会比较复杂，所以在开发初期就应该考虑到这方面的问题，在开发初期就应该予以解决。只有这样，才是最完美的结合。

最重要的是，不惧怕失败与变化，不停地尝试！先迈出第一步，获得第一个结果，那么未来的成果也将因此而大不相同。

最重要的是，迈出第一步。

首先尝试完成第一阶段工作

不必拘泥于细节。

探求心固然重要，如果注重于在 3 个月的时间段内拿出成果，就不要拘泥于细节问题。

在这个世界上，有许多已经被古人求证过的"真理"，对这些定论抛出"为什么"之类的质疑固然有趣，但是如果想早日学会本领最好不要过于拘泥于细节。

例如，学数学如果从"1 是什么意思，这个数字 1 有哪些意义"开始的话就没完没了了，应该先从"1+1=2"开始学起才对。换句话说就是借助前人的成果，拿来一切可利用的东西。

我极力避免拘泥于细节而出现停顿或失败，曾经用最快的速度以 3 个月为周期拿出过工作成果。高中的时候也以 3 个月为周期拼命学习数学，几乎从零开始硬是拼出一个结果。做法也非常简单，就是死记硬背 100 多道例题，一步一步弄清楚解题的窍门罢了。一旦弄清楚"将这两个定律结合在一起就能解开题目"

之类的基础，其他问题也就迎刃而解。

刚开始学习的时候肯定难以理解各种结论的推导过程，但是，首先应该掌握的是解题方法，然后再逐步挑战难度更高的题目，随着自己的进步，原先那些问题的答案也就呼之欲出了。

叫原本不擅长数学的人论证毕达哥拉斯定理，估计连门在哪里都找不到吧。抱着"为什么"之类的疑问，最好先从解题学起。先掌握了解题的技巧，从另一个层次感觉到数学的魅力，进入这个阶段才开始探究细节更符合常理。

现实工作中过于拘泥细节导致工作出现停顿的情况并不少见。无论是编程还是数据分析，一开始就要弄个清清楚楚难度极大，我觉得先死记硬背是最好的做法。翻开一本编程的书，满眼都是各种概念定义，此时最好别太拘泥于细节，即使有许多不明白的地方也应该快速通读一遍，然后找出例题的解法。问题的关键在于尽早做到自己能运转程序。

在实际编程的时候，千万不要因为遇到诸如"这种情况下为什么程序卡住了？"之类的疑问就停下脚步，而是应简单地区分现象，即"这样会运转，这样会卡住"即可，先尝试各种各样的功能才是关键。很多时候，程序显示错误、停止运转的原因只不过是输入错了一个字母，即使遇到这样的问题也要继续编写程序。

等到逐步适应情况之后，自然而然地能以更加放松的心情去尝试"修改这里，程序会怎样""原来改动这里，程序会变成这样，真有意思！"之类的变化，到了此刻再回过头去弄清楚"概念"的真义。这才是真正快速成长的方法，而且未来的成长空间很大。我认为，实际工作中很多人一开始就想从"概念"打开突破口，正是这一点为后来的挫折埋下伏笔。

我的思路与阅读小说、看电影很相似，即使开头对登场人物的关系或故事情节的细节不甚了解，根本不需要停下来弄清，只要随着故事的发展阅读到结尾、观看到结尾即可。

这里还要强调很重要的一点，**对于已经开展的工作，必须在尽早的阶段收获"成果奖励"**。尤其是刚开始挑战的课题，"虽然没有彻底弄明白，但是先做起来再说，接着就收获了成果"，类似这样的成就感绝对令人开心不已。

花费很多精力弄清楚各处细节，结果只能编写出少部分程序，只能说这样的"成果奖励"实在是来得太慢了。这样做往往会降低工作热情，甚至很难坚持到最后收获的阶段。

即使还有懵懂的地方也不必在意，首先完成一个周期的工作。"虽然还有部分没弄清楚，但是拿出了成果！""差不多弄明白了！"——必须要在最短的期间体会到类似这样的成就感与充实感，这也是我能够维持高度的工作热情，坚持走完3个月周期的秘诀。

尽早享受成就感，

不要纠结细节。

"一目了然的成果"是最强大的武器

拿出谁也无法否定且一目了然的成果。

假如此刻身处可以被称作逆境的难堪之地更要做到这一点，在突破重重困难的 3 个月周期时必须时刻牢记这一点。

我于 2008 年加入谷歌公司的市场营销部，而当时的市场部在公司里的地位简直就是二等公民。虽然今天谷歌公司市场部每年的投入经费已经领先全球，但我进去的时候被告知"你需要印着公司标志的 T 恤或赠品，就去向市场部要"，这就是市场部的处境。到了今天，谷歌市场部最高负责人罗林·图希尔（Lorraine Twohill）回顾当初作为销售人员进入都柏林事务所的过往时，曾经这样说过："我作为第一个海外营销负责人加入公司的时候，主要工作是制作公司 T 恤，还好我没退缩，撑了下来。"

刚进入谷歌市场部时整个部门处于无政府状态，我负责的开发日本中小企业板块项目最初的 3 个月业绩几乎为零。

前文我提到,谷歌的市场营销体系内存在着一种叫"偷师与分享"的文化,也就是"不管怎样,先尝试在其他国家成功的经验。要早于任何一家公司开始行动,然后将结果分享给所有同事"的精神。受此影响,我在头3个月将所有别人说的事情都尝试了一遍,没获得任何令人震撼的成果。与此同时,经过这些锻炼我拥有了区分哪种方法能够成功,哪种方法难度过大的敏锐嗅觉。所以进入下一个"3个月周期"之后,我专心致力于加大有希望的方法对策的实施力度。

2008年前后,中小企业经营者投放广告的主要方式为电视广告、新闻报道、杂志刊登之类,必须向广告代理商支付高额费用来制作广告。这种方式对中小企业来说是个不小的负担,而且广告的效果也无法得到验证,属于一个风险较高的领域。

但是,有效利用谷歌平台,任何人可以用低至100日元(约6元人民币)为自己打广告,而且广告效果可以用显而易见的数据进行验证。这对中小企业经营者来说,意味着增加了一个革命性的新选择。问题在于那个时候只有极少数的人知道这件事情。

考虑到当时的情况，我为了向更多的中小企业经营者推荐这个新选择，抱着试一试的想法直接推送邮件，这是其他区域有着成功经验的方法之一。测试虽然没有获得令人瞩目的结果，但是我却从中感到这个领域蕴藏着无尽的可能性，只要进行适当的改良必然能取得成功。

从道理上来说，发出的邮件应该根据不同的客户进行内容调整，但是由于发送对象人数极多，这样的要求难以实现。因此，我开始关注以前未曾有效利用过的大数据系统，根据不同类型企业对广告的关注时期相异这一特点，设置了可自动发送的邮件。在接下来的3个月里，直接推送邮件自动实现了彻底的定制化。到了今天，有效利用大数据的市场营销自动化系统已经越来越多，其威力也日渐显现。但是，当年我迈出第一步的时候没有任何可借鉴的先例，只能靠自己一步步摸索。

不过继续按照当初的设想前行是正确的选择，当"谁都可以用100日元为自己打广告"这个震撼感极强的事实展现在世人面前时，我才终于收获了令人瞩目的成果。

新加入的广告用户数量直线上升，按年度同比达到了 3 位数也就是以百分之几百的速度不断增加，单单看亚洲全地区就能感觉到这迅猛的势头。后来，我的业绩成了谷歌公司的成功事例在全球各分部得以分享推广。高层也对这项成果极为赞赏，我的团队被美国总部授予"OC Award"，即经营会议奖。更有利的是，受此影响我在公司的信用度得到提升，工作环境也大有改观，有利于为公司斩获更大的成果。

当然，能够马上拿出压倒性成果固然最好，可事情未必总是一帆风顺，绝对不必因此而自暴自弃，因为**我认为所付出的努力可以为下一个"3 个月周期"创造压倒性成果而培养敏锐的嗅觉。**

不断输出成果，

拿出令人信服的成绩。

勠力前行"突破一切"

无论是什么事情，一旦认为值得就要勠力前行。

在尽可能短的时间内拿出成果之后，为了在这个领域取得更大成果，最不可或缺的是彻底厘清目前为止所做的工作、所拥有的工具。**在了解一切知识的基础上，还需要拥有突破性思路。**这在 freee 公司被称为"突破一切（Hack Everything）"，也是为了获取压倒性成果的一个行为价值基准。

很多日本企业都喜欢在最短的时间内外包大量业务。通过市场营销自动化技术来大致定位客户需求，运营社交媒体等，诸如此类的外包事务数不胜数。如今只有极少数的企业还愿意自行开发相关系统，或自行运作所有业务。

可是，业务外包对企业自身没有任何技术上的益处，而且会影响企业技术进步。为了提高生产效率，给客户提供更好的服务，首先充分掌握手头的工具或资源，从中即可发现许多可以改善的地方。包括诸如表格系统之类的应用软件也一样，不要凭着感觉使用，哪怕是花两个小时好好学习一下用法都行。许多这类小小的努力都会大幅提高生产效率。

无论是新服务还是收集新客户资料，首先要充分了解当前的工具与资源、游戏规则，再加上不断实践，往往就能获得最优秀的成绩。所以说，**关键在于从更深层次掌握手头的东西**。更加细致地研究、学习并掌握自己负责的工作或使用的工具，从中发现诸如"这种工具也许还能这样使用"之类的功能，往往就能激发出以前从未想过的创意。再进一步思考这种服务是否有竞争力，这也是提升自己能力最有效且不可或缺的方法。

无论是市场营销还是CRM①，freee公司作为一个彻底有效挖掘任何工具及技术的公司而闻名于世。而

---

① CRM（Customer Relationship Management）即客户关系管理。通常所指用计算机自动化分析销售、市场营销、客户服务以及应用等流程的软件系统。

且在客户支持方面，freee 公司从 2014 年开始实施的在线客服，其实就是基于"突破一切"的理念诞生的一个项目。当时客服服务主要还是通过电话、邮件客服还极其罕见。在线客服的方式并非来自客户的要求，这种思路的起点在于与电话、邮件相比，在线交流有可能减少客户等待时间。在公司内部进行测试时发现，很多情况下在线交流更加便捷。

一般来说向客户推出新服务，最好是直接拜访客户，但是考虑到成本问题，这个方法很不现实，而且实施难度极大。转念一想，既然这样，那就将登门拜访之外的其他方式全部尝试一遍。结果经过比对，就找到了"在线客服"这一方法。

导入伊始，也发生过未能满足客户需求的一些情况，但是基于"将工具的功效发挥至最大"这一准则，全体团队同人一边彻底学习在线聊天的各项功能，一边累积众多新创意，最终将这项服务成功推入市场。

到了后来，整个布局进行了合理化调整，对客户加强宣传提出许多新的使用建议，结果从客户处收到了"通过在线聊天双方可以直接对话，而且能以文字的方式进行咨询、确认情况，真是非常便捷"的良好反响。确实，与电话相比，直接告诉客户"关于您所咨询的问题，请参阅以下链接"这种做法更来得直截了当，可以大量节约双方的时间。

正是因为初期基础非常牢靠，所以到了今天才能顺利导入 AI 客服，已经实现由 AI 对客户的咨询进行初步解答功能。从某种意义上来说，这也是为了满足"快速解决问题"这一客户需求的最有效的应对方法。

创造新价值，学好被大家认同的高端技术。出乎意料的是，**其实改变现状的钥匙往往就在自己手中，掌握它就能工作成果实现质的飞跃。**

熟练的技术，将带来思维界限的突破。

打造"令人积极前行的工作空间"

办公室是完成自己热爱的事业的场所。

办公室是集中完成自己的任务、实现成果的空间，所以我认为，最基本的观念在于工作不是被人逼着去完成，而是发自内心喜爱才着手实施，这是踏进办公室最基本的要求。

我一直致力于将办公室打造成令人放松的工作环境、一个大家喜欢的地方。**在"因为喜欢才着手实施"的主动积极氛围中工作，不单单是心情的问题，更重要的是对生产效率有着巨大影响。**

也许这种心态源于我创业伊始租借了一间公寓的客厅作为办公室。那时成立的 3 人团队共同工作，所以我在情感上不由自主地将办公室当成了"客厅的延长线"吧。

即使公司在日益壮大，但是打造创业伊始的那种休闲而令人放松的办公室已经成了我的固定思路。例如，目前的办公室还保留着脱掉鞋子席地而坐的榻榻米会议室，还有脱掉鞋子可以倚着靠枕工作的空间。

话虽如此，但我并非单纯地认为将办公空间打造成舒适环境就可以源源不断地收获新创意。只是，**在一个轻松的环境下工作，会增进团队成员之间的沟通，并强化人与人之间的情感纽带。**再加上在"好的，一起加油"的心态下展开工作可以发自内心地将创意落实于行动，必然会自然地创造出一个主动积极的工作氛围。

事实上，从全体人员主动积极地构建有趣的创意并落实到行动上可知，这种正能量的工作氛围在公司内形成了一个良性循环。

例如，在每周召开的全公司会议上听听为公司做出重大贡献的同事们的"成功感言"，也是一种有效的方式。在授奖现场直接采访那些斩获成果的同事"遇到了什么问题，怎么解决的""最困难的是什么事情""为什么会想到要开展这个项目"之类的问题，将他们的经验分享给大家。这种方式不仅仅对受采访者是一种荣誉，对其他正在进行挑战自我课题的同事来说也是一种启发和良性刺激。

其他还有"巨匠制度"，也就是"拿出一个月不做任何工作，大家开动脑筋思考，想要实现什么样的目标"，以便征集众人的多种创意，然后就是下一个互动活动："为谁的哪个创意"投票。只有满足以下条件，也就是大家一致认可"这个人的这个创意一旦实现，就能带来震撼社会的效果"，才有可能成为"了不起的人的了不起的创意"的当选者。

脱颖而出当选"巨匠"的人深知自己的创意将会成为现实，由此产生的技术革新往往会提高大家的生产效率。而且当选"巨匠"难度极大、荣耀无比，对其他同人也是一种良性激励，抱着"我也希望能像那样当选'巨匠'"的人不在少数。

另外，对于团队成员的沟通，我每周亲自举行一次全公司电视电话会议，同时还会对全体同事就公司的课题及问题意识进行多次讨论，而且每月一次对当前经营课题进行通报。这些行为未必会马上产生实际效果，也许是种低调而踏实的做法，但是我很看重每次这样的会议，并花时间做好准备。之所以认为这样的工作虽然低调但很重要，理由就是，**只有大家都意识到同一个问题，才会激发出"好吧，一起加油吧"的这种集体斗志。**

以前，freee公司曾经面试过一些人，其中有人坦白承认"工作与个人生活之间缺乏明显的界限，工作氛围陷入以兴趣为先导的境地，这样的公司本人无法适应"而推掉了就职机会。萝卜青菜各有所爱，我认为这样的观点符合该人性格，不必去否定这种想法。

　　关键在于，最终要打造一个令自己"易于工作、能调动积极性的环境"。说句有点极端的话，出现不适应的人反而证明公司已经形成了自己的强势文化。当然，无论是工作方式还是思路各有千秋，是件正常的事情，拥有不同类型的人员才能构建一个强大的组织。而且，一个组织里必须有引起所有人共鸣的东西，这才是真正强大的组织。

营造激发主观能动性的氛围
才是提高"生产效率"的钥匙。

无意中容易导致的"毫无意义的失败"

从"原因不明的失败"中无法汲取经验教训。

所谓"原因不明的失败"指的是实施方法出现问题、创意本身存在误区、准备不充分、论证不彻底等原因造成的失败。这就是毫无意义的失败。

举个其他领域的例子，这种失败类似于做化学实验的时候没发现试管受污染，并根据实验结果推导出了结论，这就是没有任何意义的失败。在论证问题的本质时缺乏足够的认真态度，应付了事，往往会在无意识间犯下错误。因此，从这类错误中很难学习到经验教训。道理不复杂，可为什么人总是倾向于制造这种"毫无意义的失败"呢？

我也有过刻骨铭心的教训，那是刚刚创业时的事情，我打着"大家一起创业吧"的旗号到处召集人手。如果那时态度上能更加投入些，效果会更好。可惜创业伊始我自己也挺心虚，没开口先脸红，总是用一种类似"要是有兴趣的话创个业吧……"这样听着像开玩笑似的口气来劝说对方加入。

一家草创的公司既没有业绩也没有后盾，叫别人加入这样的公司，对方很难分辨我的真实意图。结果不消说，对方把我的话当成了玩笑，最后也就不了了之了。

谁都明白"我方不拿出认真的态度邀请对方加盟，自然也就得不到认真的答复"，可惜那时与对方交流未能触及本质。为什么没有拿出诚意邀请对方呢？直到今天我还为当时的做法感到惋惜。这就是前文提到的"毫无意义的失败"。

在工作中，这类"毫无意义的失败"随处可见。例如，营销负责人向客户推荐最新的云端服务项目，可惜到最后也未能成约，很大一部分结论是"失败的原因不明"。

我认为，失败的原因在于没有将问题的本质与客户进行充分的沟通，很可能是没能更进一步触及"无法逾越的障碍到底在哪里""云端服务无法解决什么问题""客户没法做出决定的根源在哪里"之类的本质问题。也就是说，没能与客户构建一个认真沟通的信赖关系才是谈判失败的根本原因。在没把握本质问题的情况下，即使拼命努力也是毫无意义的，而且再次失败的可能性极大，从中能学到的经验教训也极少。

因此，我极力把握住自己在无意识之下最容易犯的错误，以此规避"毫无意义的失败"。我也体验过另外一种情况：从一开始就不屑于了解事情的本质，轻易否决了一些创意的可能性，即使后来项目取得成果，这种结果也极其接近"毫无意义的失败"。

手机应用软件和手机铃声方面的业务极其符合谷歌搜索引擎的特性，而那个时候我抱着"这点事情对用户生活最核心的部分产生不了什么大影响"这种等闲视之的心态。到了今天再回想起来，觉得自己并未彻底看清这两种业务的未来可能性，时至今日依旧在深刻反省自己犯下的重大过错。归根结底，我对"也许要花费不少时间，但是会给未来带来巨大变化"的理解还不够深刻。

时至今日，AI 开始在各个领域崭露头角，**但是这种批判新潮流的意见，无论在哪个时代都不曾缺席过。负**

面思想会限制自己的眼界，而且这种思想会破坏新生事物的萌芽，从这个角度来看，这样的思想得不偿失。

批判别人"绝对不可能成功"是再容易不过的事情，但是更重要的是要考虑"如果事情做成功了，会带来什么样的变革"。从那以后，我有意识地坚持一个准则，从不用"否定的眼光"看待新的服务项目或创意。

把握事物的本质意味着规避收获寥寥的"毫无意义的失败"，将目光聚焦于新事物的潜力的先决条件是预先掌握并避免自己失败的可能性。

所谓"学习"，只会出现在你认真思考问题的时候。

"有意义的失败"是重要的验证材料

"自己创业时有没有考虑到一旦失败会遇到什么而胆怯过？"

这样的问题已经是老生常谈了，而对此我的答复则是一成不变的"一点都不害怕"，这样回答的根据又在哪里呢？

原因在于，我确信"即使创业失败对自己来说都是物超所值的经验"。前文也提到过，连自己都不明所以的"毫无意义的失败"基本不会带来任何收获。反过来看，认真面对工作的本质并开展各项工作，即使最终失败，也是很有意义的失败，因为失败可以当成重要的验证材料。

也许这种基础性思路是在谷歌工作时受到的影响吧。在谷歌公司里，来自全世界的前创业者济济一堂各显神通。当中很多人有创业失败的经验，大家一致认为"即使是失败的经验，也能成为精神食粮"，这一点应该或多或少地影响了我（现在 freee 公司也源于此吧）。

离开谷歌自己创业前，我认为"投身于开发云会计软件这件事本身是赌上人生的一次规模巨大的验证工作"。可以说正是基于这种观点，我抱着**"即使失败了也有实践意义"**这种极其强烈的意愿，因此最终迈出了创业的第一步。

当时的日本是这样一种情况，云端服务基本上没得到利用却无人探寻个中缘由，也没人在意云端服务所遇到的问题，更没人认真地问句"怎么会这样"。

而且我前文也提到，大家一致认为："会计软件行业已经 30 年没有变化，所以今后也难有变革，最好别碰这行。"这种观点站在当时业界的角度来说也许是常识，一个长期存在的结构（或者是观点）确实是很难改变。

但是，我和同事们这样认为："确实也许有人曾经尝试过变革，但是那种做法未必是最合理的。而单从我们的理论上来看也许这次能够成功。"更有力的武器是我们的心底孕育着强烈的挑战意识。

对于我们来说，最重要的一点是"能够实现会计工作自动化"，而接下来要攻克的课题是"借助自动化手段谁都可以简单地完成会计工作，可以彻底改变当前的工作方式"。大家一致认为，面对这样艰巨的课题，即使最终失败也有着深远的意义。所以可以说是抱着"至今尚未获得成功，但是云端服务会计软件会是一种颠覆常识的工具"的信念，作为一个大型的验证工作，我们开创了 freee 公司。

即使等待我们的是失败，我们认为发现"证明我们的方式行不通"这样的事实都有其重大意义，因为我们可以为后来者展示一个宝贵的失败例子。对于开发并推出云会计软件这样的工作，挑战者少之又少，正是因为身处这样的环境，大家觉得哪怕结果是向后来者揭示"为了攻克这个问题至少还必须解决这样的问题"，这项工作意义重大。

正是为社会大众做有意义的验证活动这种思路，成了我们创业的强大原动力。

当然，要尽可能地避免失败，毕竟没有比获得成功更好的事情。但是对于我来说，比起对失败的恐惧，哪怕是一次不成功的尝试，都有其深刻的意义。从这个角度来看，只要投入全身心去探究问题的本质，即使失败，对于所有人来说也是个伟大的精神食粮。

即使面对的是失败，自己的挑战如果能给社会创造颠覆性价值，也应该迈出那一步。我认为，正是因为抱着这种强烈的愿望，所以从未对有可能失败感到过恐惧。

在挑战任何新事物的时候，总是伴随着大大小小的恐惧感。但是，**唯有在此刻更应该牢记决定挑战这个课题时的那种开心与兴奋感**。我认为，只要觉得是有意义的事情，就会从心底产生"挑战的欲望"。

一次有意义的挑战，会让你更接近成功。

2017 年 7 月，我在学院山 ① 的研讨会上以"时间策略"为题分享了一些经验。

在此之前，我并不认为自己的"时间管理"方法有何特别，只是在分享的过程中，突然联想到了"3 个月"这一关键词。这个有趣的话题，最终竟成了我写完此书的契机。

当然，直到今天我还在就"时间策略"进行多方探索、纠错。时间管理会随着工作状态变化，业务范

---

① Academyhills，位于日本东京六本木大楼 49 层的最新书籍信息介绍中心。

围改变以及组织架构调整而发生相应的变化。今后，我也会多多学习 freee 诸位同人及其他公司经营者的时间管理方式，不断进行完善。

刚完成这本书的时候，我深深地感到"3 个月周期"已经成了我的一条人生法则。我曾依照这条法则投入全部精力挑战一件事，不顺时中途不得不改变做法，顺利时也发现了新的领域。在人生中，这样的经验随处可见。

完成这本书之后，我还发现了另外一件事：无论是在校读书，还是步入社会，或者是进入一个新部门，在交流中总能遇到成为大家瞩目焦点的人，不过我本人则并非如此。一般而言，我会先用 3 个月的时间熟悉环境，然后才会表达自己的观点。

我大学毕业加入新公司时，新鲜的环境让我干劲满满，急于表现自己。但工作之外的其他事情则截然相反，我会用 3 个月的时间了解团队的运作规则、价值观以及运营方式等。只有在观察、揣摩与理解后，才能决定"自己该以怎样的姿态进行工作"。这种心态的变化往往需要花费 3 个月的时间。

也就是说，最开始的课题是"摸清情况"，而且需要安排 3 个月时间以便集中精神彻底摸清情况。我觉得这样做是值得的。

还有一件事，在完成本书的同时我也对过去进行了一次回顾，发现加入谷歌是我改变人生的一个巨大转机。除了谷歌的企业文化对我有着巨大的影响之外，与世界顶级技术人员和营销人员共同工作对我的潜移默化更是不可胜数。

说句心里话，当初我曾经为是否加入谷歌而犹豫过。加入谷歌的时间正好与"必须强化日本搜索引擎"的时期重叠，加入谷歌公司有种替外国势力卖命的负疚感。就在此刻，一个朋友对我说："如果在日本国内拒绝推广谷歌这样的搜索引擎，问题会更严重。"我也觉得这话很有道理，最终决定加入谷歌公司。

结果，在谷歌公司这段时间里公司工作方式与企业文化彻底渗透进我的心底，堪称一个巨大的学习机会。甚至在考虑创业的时候，"在日本增加更多像谷歌这样拥有良好企业文化的公司"这一信念也成了推动我向前迈进的力量。

从这个意义上来说，这本书也包含了众多我从谷歌文化领悟到的精髓，以及在谷歌耳濡目染所学到的各种思路，如果这些内容能为读者提供参考真是三生有幸。从"想在日本创立更多像谷歌这样拥有良好企业文化的公司"这个角度看，自己创立的 freee 公司的企业文化必须优于谷歌公司，所以我积极吸收各家公司的长处，对应该改良的地方进行彻底改良。

我的时间管理法也受到了谷歌文化的深远影响，但并非单纯照搬，而是不断地改进、优化，我相信这一点只要阅读本书就不难发现。

通过"3 个月"的努力，就有可能为社会做出卓越的贡献。而且，尚有众多亟待解决的问题无人涉及。那么课题的选择就显得至关重要了。多年的工作经历，让我意识到自己"应当选择别人尚未涉足且自己能做出成绩的课题"。

这样做的理由在于，这类课题不仅可以给社会带来效益，对我们的实际工作而言也有诸多裨益。还有一点很重要的是，这有助于提高我们的"创业"机会，并对风险做出较为准确的评估。如此一来，我们不仅能基于"3 个月"理论为社会创造丰硕成果，也能带来人生的新机遇。若此书能让每日忙碌奔走的读者们暂时停下脚步，认真思考属于自己的"3个月"的课题，就是我极大的安慰了。

最后，向在工作上追求完美、刺激我不断向前的freee公司诸位同仁，以及在我执笔期间给予莫大帮助的同事定田充司致以最诚挚的感谢！

版权登记号：01-2019-4974

图书在版编目(CIP)数据

谷歌时间管理课：3个月跃迁高效能人士／（日）佐佐木大辅著；陈广琪译.
—北京：现代出版社，2019.10
ISBN 978-7-5143-7982-2

Ⅰ．①谷…　Ⅱ．①佐…　②陈…　Ⅲ．①时间－管理　Ⅳ．①C935

中国版本图书馆CIP数据核字(2019)第162064号

Original Japanese title: "SANKAGETSU" NO TSUKAIKATA DE JINSEI WAKAWARU
Copyright © Daisuke Sasaki 2018

Original Japanese edition published by Nippon Jitsugyo Publishing Co., Ltd.
Simplified Chinese translation rights arranged with Nippon Jitsugyo Publishing Co., Ltd
through The English Agency (Japan) Ltd. and Eric Yang Agency, Inc.

谷歌时间管理课：3个月跃迁高效能人士

作　者　[日]佐佐木大辅
译　者　陈广琪
责任编辑　申　晶　朱文婷
出版发行　现代出版社
通信地址　北京市安定门外安华里504号
邮政编码　100011
电　话　010-64267325　64245264（兼传真）
网　址　www.1980xd.com
电子邮箱　xiandai@vip.sina.com
印　刷　三河市南阳印刷有限公司
开　本　880mm×1230mm　1/32
印　张　6.5
字　数　92千
版　次　2019年10月第1版　2019年10月第1次印刷
书　号　ISBN 978-7-5143-7982-2
定　价　42.00元